民法典农民权益保障案例解读

北京德恒（太原）律师事务所 编

山西出版传媒集团
山西科学技术出版社

编 委 会

序

为深入学习并贯彻《中华人民共和国民法典》的重要精神，北京德恒（太原）律师事务所党支部组织骨干律师，围绕“三农”中有关农村土地承包与经营、宅基地与房屋、农村集体土地及地上建筑物、附着物征收、婚姻与继承、涉农服务合同、相邻关系和农村生态环境保护等问题，收集、整理、改编了多个案例，结合《中华人民共和国民法典》中的法律条款，逐案加以通俗易懂、专业精准的解读和分析，期待在“民法典进农村”活动中发挥作用。

本书可以作为村（社区）“民法典”法治宣传的读本，可作为村（居）委会服务窗口、农家书屋、法律图书角等公共场所的“民法典”宣传资料，也可以为培养乡村“法律明白人”、农村学法、用法示范户、基层人民调解员，组织开展法律知识培训活动提供教材，充分发挥乡村“法律明白人”队伍“熟悉农村常用法律知识、熟悉基层民情民意”的优势，热心为农村群众开展法治宣传、提供法律帮助。

希望我们编写的这本书，能够在保障人民群众合法权益、促进社会主义市场经济繁荣发展等方面发挥重大作用；针对农村干部群众法治需求和关注的热点问题，突出宣传“民法典”关于“三农”问题的有关规定，在推广乡村振兴促进法、土地管理法、农村土地承包法等涉农法律法规方面做出积极的贡献。

编　者

2022 年 7 月

目　录

第一部分

农村土地承包与经营

2021年1月1日生效的《中华人民共和国民法典》(以下部分内容中简称为《民法典》),在总结实践经验的基础上,结合《中华人民共和国农村土地承包法》的修订成果,提取出与“土地承包经营权”相关的主要内容,将其编入《民法典》的“物权编”中。在法律实践中,土地承包经营不仅涉及民事主体之间的权利和义务关系,还涉及权利的申请、审批、登记等行政法律关系。对于土地承包经营类问题,《民法典》有新规定的,可适用《民法典》的规定;《民法典》未予修改的其他法律规定,仍适用原法律规定。

一、土地承包经营权自土地承包经营权合同生效时设立,土地承包经营权人可依法流转土地经营权。

基本案情

2019年12月1日,甲公司与李某签订《土地承包合同》,双方约定:李某将位于某处约340公顷的土地承包给甲公司种植果树,承包期为30年(从2020年1月1日至2049年12月31日),前三年(2020年1月至2022年12月)政府收取的该承包地的各项费用由甲公司自行承担。当日,甲公司又与乙农业开发公司签订《土地管理合作合同》,甲公司将该土地交由乙农业开发公司管理,期限为3年。2020年,甲公司因“土地使用权”问题将李某起诉。

在庭审过程中法院查明，涉案土地是由发包方丙水务公司与李某签订《土地开发承包合同》后，由李某进行经营的。发包方丙水务公司与承包方李某签订的合同期限为3年，到期后可自动续签，继续履行原合同的承包期限（50年不变），但续签的合同期限不得超过原合同承包期限（原合同承包期限为2016年1月1日至2065年12月31日），土地主要用于发展果业及农业作物种植。

甲公司认为李某在与其签订《土地承包合同》时没有合法的“土地使用权证明”且改变了土地的使用性质，属于欺诈行为。甲公司向法院起诉：请求撤销该公司与李某签订的《土地承包合同》，要求李某返还该公司的各项费用。

法院最终判决：甲公司与李某签订的《土地承包合同》并不存在可撤销的情形，该合同不可撤销，李某不应返还各项费用。

案件评析

本案属于土地承包经营权转包合同纠纷，本案的焦点问题是《土地承包合同》的生效及撤销条件。

1. 土地承包与土地承包经营权流转

《中华人民共和国民法典》颁布实施之后，最高人民法院修订了《最高人民法院关于审理涉及农村土地承包纠纷案件适用法律问题的解释》(以下简称《解释》),该《解释》第三条规定:“承包方是指以家庭承包方式承包本集体经济组织农村土地的农户，以及以其他方式承包农村土地的组织或者个人。”《农村土地经营权流转管理办法》第六条、第九条规定：承包方在承包期限内有权依法自主决定土地经营权是否流转；土地经营权流转的受让方应当为具有农业经营能力或者资质的组织和个人。

本案涉案的土地发包人为丙水务公司，承包人为李某；从甲公司与李某签订的《土地承包合同》约定的内容来看，并不存在法律规定的发包人和承包人，双方之间实际存在因土地承包经营权流转产生的纠纷，故本案属于因土地承包经营权转让引发的纠纷问题。

2. 土地承包合同及承包经营权的生效条件

《中华人民共和国民法典》第三百三十三条规定:“土地承包经营权自土地承包经营权合同生效时设立”。因此，法院认定本案中李某与丙水务公司签订《土地开发承包合同》，是双方当事人真实意思的表达，并不违反法律规定，应属有效；李某在与甲公司签订《土地承包合同》时，已依法享有涉案土地的承包经营权。

3. 合同撤销条件

《中华人民共和国民法典》第一百四十八条规定“一方以欺诈手段，使对方在违背真实意思的情况下实施的民事法律行为，受欺诈方有权请求人民法院或者仲裁机构予以撤销”；第一百五十七条规定“民事法律行为被撤销或者确定不发生效力后，行为人因该行为取得的财产，应当予以返还。”在本案中，法院认为从案件事实并不能证实李某存在欺诈行为，甲公司也并无证据证明李某以欺诈手段使其在违背真实意愿的情况下签订合同，故不符合《中华人民共和国民法典》第一百四十八条规定的受损害方有权请求撤销合同的情形。

二、在他人承包的土地上堆放杂物、影响了权利人的正常生产、生活秩序，应当承担停止侵害，排除妨害、恢复原状的责任。

基本案情

原告任某雄与被告张某江均是山西省吕梁市某镇某村的村民。2017 年 7 月 17 日，原告与其所在村的村民委员会签订农村土地（耕地）承包合同，承包面积 0.16 公顷；2018 年 12 月 30 日，吕梁市人民政府给原告发放了农村土地承包经营权证书。被告张某江在原告任某雄承包的土地上堆放沙土等杂物，并耕种玉米。原告请求法院判决：被告返还原告合法承包的 0.16 公顷土地，并对该土地上的杂物进行限期清理；被告在原告土地上种植的玉米侵害原告权益，不受法律保护，应为原告所有。

法院判决：被告将堆放在原告所承包的 0.16 公顷土地上的杂物以及种植的农作物予以清除，并将土地交付原告，且不得妨害原告任某雄对该承包土地的经营、管理以及使用。

案件评析

1. 土地承包经营权受法律保护，不得侵犯。

《中华人民共和国农村土地承包法》第二十三条规定“承包合同自成立之日起生效。承包方自承包合同生效时取得土地承包经营权”；第二十四条第一款规定“国家对耕地、林地和草地等实行统一登记，登记机构应当向承包方颁发土地承包经营权证或者林权证等证书，并登记造册，确认土地承包经营权”；第八条规定“国家保护集体土地所有者的合法权益，保护承包方的土地承包经营权，任何组织和个人不得侵犯”。本案中，原告与村民委员会签订的承包合同合法有效，有关部门登记并确认了原告的承包经营权，原告为此案中0.16公顷土地的合法承包人；涉案土地的承包经营权未做变更，且被告未经原告允许在原告合法承包的土地上堆放沙土等杂物并耕种玉米的行为，已经侵犯了原告的合法权益。

2. 被侵权人有权要求侵权人停止侵害，排除妨害、恢复原状。

《中华人民共和国民法典》第二百三十五条规定“无权占有不动产或者动产的，权利人可以请求返还原物”；第二百三十六条规定“妨害物权或者可能妨害物权的，权利人可以请求排除妨害或者消除危险”。本案中，被告在原告承包的土地上堆放沙土等杂物并种植玉米，影响了原告正常的生产、生活秩序，原告有权要求被告停止侵害，排除妨害、恢复原状。

三、土地互换是双方承包经营权之间的相互转让，土地互换后，双方对所换土地之前的权利和义务也随之互换，当事人可以办理土地承包经营权变更登记。原土地承包经营权人已丧失了对原承包土地的经营权，对新换得的土地取得了经营权。在土地互换的过程中，若双方未约定互换期限，其互换期限应为农村承包土地合同期限。

基本案情

曲某臣、曲某腾、王某忠为同村村民。1983年，原告曲某臣承包该村土地共0.62公顷，第二轮承包时顺延。曲某臣将该土地的一部分（约0.20公顷）以口头协议的方式与曲某腾进行“土地互换”，用于栽种桃树，虽未约定期限，但双方的互换土地均在承包期内。2007年，曲某腾又将该土地以书面协议的方式互换给王某忠，王某忠将该土地用于大棚耕种至今，且不同意曲某臣换回土地的要求。曲某臣向法院起诉请求：1. 确认其享有互换土地0.20公顷的承包经营权，并让王某忠返还该土地。2. 认定王某忠承担过错侵权责任并承担损害赔偿责任。

一审法院驳回原告曲某臣的诉讼请求，原告曲某臣不服，提起上诉，二审法院判决驳回上诉，维持原判。

案件评析

本案属于土地承包经营权纠纷。

本案争议焦点为：在已经履行互换土地的情况下，原土地承包经营权人在承包期内能不能再要回已经互换的土地？

1. 法律允许土地承包权互换并向发包方备案，未备案的不影响土地互换的行为效力。

《中华人民共和国民法典》第三百三十四条规定："土地承包经营权人依照法律规定，有权将土地承包经营权互换、转让。"土地互换是双方承包经营权之间的相互转让。土地互换后，双方对所换土地之前的权利和义务也随之互换，也就是说，原土地承包经营权人已丧失了对原承包土地的经营权，对新换得的土地取得了经营权。

《中华人民共和国民法典》第三百三十五条规定："土地承包经营权互换、转让的，当事人可以向登记机构申请登记；未经登记，不得对抗善意第三人。"当事人可以办理土地承包经营权变更登记，以确认变更后的土地经营权，若未办理变更登记的，并不影响互换的行为效力。至于不得对抗善意第三人是指依法成立的合同一般仅对合同双方当事人具有法律约束力，合同当事人不能利用合同的相对性来损害善意第三人的合法权益。通俗地讲，合同双方当事人的内部约定一般不对善意第三人产生效力。

本案曲某臣与曲某腾将各自承包经营的涉案土地经口头协议互换，且已互相交付涉案土地。虽然双方未签订书面合同，也未向发包方进行备案，但双方土地承包经营权互换事宜已经履行完毕。是否签订纸质合同及备案并不是互换合同成立且生效的必要条件，双方互换行为不违反法律行政法规的强制性规定，双方互换土地的事实已经成立，双方互换土地的行为有效。

2. 对于农村承包土地之间的互换，双方若未约定互换期限，其互换期限应为农村承包土地合同期限。据此，对于未约定流转期限的土地互换，当事人一方在农村土地承包期内主张解除互换合同，法院一般不予支持。

同一集体经济组织的承包方之间自愿将土地的承包经营权进行互换，双方对互换土地原享有的承包权利和承担的义务也相应互换，当事人还可以办理土地承包经营权变更登记。因此，互换不同于转包、出租，转包、出租是土地承包经营权在一定期限内的流转，而互换属于承包经营权的相互转让，即原土地承包经营权人丧失对承包土地的经营权，而对所交换得到的土地取得了经营权。因此，土地承包经营权互换并实际履行后，一般不能以未约定期限为由随时主张解除互换合同。

四、除法定原因外，承包期内土地经营权转让人不得解除合同。土地经营权受让人未如约支付转包款的，若未达到严重违约情形，可认为属于一般违约，不构成经营权流转合同解除的法定原因。

基本案情

2004年11月8日，苏某军与所属村集体签订两份土地承包合同，承包并经营该村6.7公顷的土地，承包期限从2004年11月8日至2034年12月30日。2005年2月12日，苏某军与邱某签订《果园转包合同》，合同约定苏某军将其承包的6.7公顷土地转包给邱某承包经营，邱某除按照苏某军与本村的合同约定向该村上缴费用外，还需每年向苏某军交纳5000元，如不按期交纳，苏某军有权收回土地。因邱某未按约向苏某军支付2005年至2020年的“转包费”80000元，邱某多次表示愿意支付拖欠的“转包费”，但至苏某军将其起诉至法院时，邱某并未支付。苏某军请求法院：1.依法解除苏某军与邱某之间签订的《果园转包合同》；2.判决邱某向苏某军退还所承包的土地。

法院一审判决：邱某于判决生效后10日内向苏某军支付2005年至2020年的转包费80000元；驳回苏某军其他诉讼请求。原告苏某军不服提起上诉，法院二审判决驳回苏某军的上诉，维持原判。

案件评析

本案属于林业承包合同纠纷。本案争议的焦点为邱某未向苏某军支付转包款的违约行为是否符合解除双方承包合同的条件。

1. 除法定情形外，土地经营权转让人不得单方解除土地经营权流转合同。

《中华人民共和国民法典》第五百六十三条规定："有下列情形之一的，当事人可以解除合同：（一）因不可抗力致使不能实现合同目的；（二）在履行期限届满前，当事人一方明确表示或者以自己的行为表明不履行主要债务；（三）当事人一方迟延履行主要债务，经催告后在合理期限内仍未履行；（四）当事人一方迟延履行债务或者有其他违约行为致使不能实现合同目的。"显然，本案中，邱某未向苏某军支付果园转包款的行为符合《中华人民共和国民法典》第五百六十三条第四项的情形，使苏某军依法获得了合同解除权，但双方之间的合同是否可以解除，还要看合同具体约定以及双方的实际行为是否符合合同解除的条件。

苏某军与村集体签订了土地承包合同后，又与邱某签订了《果园转包合同》，而《果园转包合同》属于土地经营权流转合同。《中华人民共和国农村土地承包法》第四十二条规定："承包方不得单方解除土地经营权流转合同，但受让方有下列情形之一的除外：（一）擅自改变土地的农业用途；（二）弃耕抛荒连续两年以上；（三）给土地造成严重损害或者严重破坏土地生态环境；（四）其他严重违约行为。”根据《中华人民共和国农村土地承包法》第四十二条可知，若邱某存在上述四种情形之一的，苏某军提出解除土地经营权流转合同，该合同依法应当解除。

2. 未支付转包费的行为在本案中不属于可解除的情形之一。

本案中，邱某的违约行为是否达到《中华人民共和国农村土地承包法》第四十二条第四项的“严重违约行为”的程度，是本案土地经营权流转合同是否可以解除的重要条件。纵观本案，邱某只存在未如约向苏某军交纳转包费的行为，并不属于《中华人民共和国农村土地承包法》第四十二条规定的法定可解除土地经营权流转合同的行为。虽然邱某承包果园后未按约定向苏某军支付相关转包费，但邱某表示愿意交纳拖欠的转包费并继续履行合同。法院一审认为，林业（果园）承包具有生产经营周期和承包期长、投入大、收益慢、风险大等特点。稳定林业承包经营权，既有利于充分保护当事人的权利，又可充分调动承包人投入的积极性，还可以保护环境。所以法院认定邱某拖欠转包费的行为未达到严重违约情形；法院二审认为，邱某拖欠转包费，完全可以通过补交费用或者赔偿利息损失等方式解决，属于一般违约，邱某的违约行为不符合合同法定解除的条件。

法院抓住了双方冲突的 焦点——转包费，而不是解除合同。法院判决既考虑到果园承包周期长、风险大等特点，直接解除合同邱某损失过大；又考虑到邱某有支付转包费继续履行合同的意愿，通过补交转包费方式弥补苏某军的损失，可以让土地经营流转合同在承包期内继续履行，兼顾双方利益，最大限度地化解矛盾。

五、并非通过招标、拍卖、公开协商等方式取得的土地经营权，不能采取抵押方式流转；宅基地使用权不能用于抵押担保。

基本案情

2020 年 6 月 28 日，原告某银行与被告胡某兴签订了《个人借款合同》和《最高额抵押合同》，约定被告胡某兴向原告借款 80000 元；被告胡某兴以其名下位于某县的住宅及土地使用权（集体所有）为上述借款提供抵押担保。若债务人未能按期足额偿还债务，债权人有权按照抵押合同约定行使抵押权，处分全部抵押物并以处分所得优先受偿。同日，原告向被告胡某兴发放了 80000 元借款。借款到期后，被告胡某兴按约支付了部分借款本金及利息，但至今尚欠原告本金 59910 元及利息未偿还。

原告某银行向法院提出诉讼请求：1. 判决被告胡某兴偿还原告借款本金 59910 元及利息至清偿之日止；2. 判决

被告胡某兴以其名下位于某县满足承包生产经营所需要的建筑物、设施、设备等所有生产资料及土地经营权履行抵押担保责任,原告对上述财产依法行使抵押权并优先受偿。

法院判决：支持原告要求被告偿还借款本金及利息的诉讼请求,驳回原告要求以住宅及土地使用权(集体所有)承担担保责任的请求。

案件评析

本案属于金融借款合同纠纷。本案争议的焦点是宅基地及集体土地使用权是否可以用于抵押担保。

1.《最高额抵押合同》所约定的借款抵押担保，即胡某兴的住宅及土地使用权（集体所有），并不是通过招标、拍卖、公开协商等方式取得的农村土地经营权，而是基于胡某兴是村集体村民身份分得的宅基地及集体土地使用权。

2.《中华人民共和国民法典》第三百四十二条规定：“通过招标、拍卖、公开协商等方式承包农村土地，经依法登记取得权属证书的，可以依法采取出租、入股、抵押或者其他方式流转土地经营权。”很明显,《中华人民共和国民法典》规定可以用于抵押等方式流转的是土地经营权，本案抵押合同所涉土地的相应权益并非通过招标、拍卖、公开协商等方式取得，故不能采取抵押方式进行流转。

3.《中华人民共和国民法典》第三百九十九条规定："下列财产不得抵押：宅基地、自留地、自留山等集体所有土地的使用权，但是法律规定可以抵押的除外。"被告胡某兴提供的上述抵押物属于法律禁止的抵押财产范畴，所以双方签订的抵押合同无效。

4. 假设宅基地上房屋用于抵押，因我国实行的是"地随房走、房随地走"的"房地一体"原则，若抵押权人并非宅基地所在村村民，在现实中无法办理宅基地使用权的变更登记，从实质来说抵押权无法真正实现。

六、当事人主张维护自己的土地承包经营权应提供相应的证据予以证明，否则应承担"举证不能"的后果。

基本案情

原告赵某良在 1981 年实施家庭联产承包责任制时，从其所在大队承包了位于某景区内的"品味茶园"，共计 0.31 公顷。1991 年，当地市政府鼓励村民改造所承包茶园，由于当时一部分村民（包括赵某良）不愿意改造，村委会在自愿的基础上对不愿意改造但已承包茶园的部分村民进行评估补偿，发放补偿款后，统一收回交给愿意改造的村民种植。赵某良在此过程中领取了相应的补偿款。1999 年，第二轮土地承包经营期间，各户村民继续顺延 20 世纪 80 年代实施家庭联产承包责任制时的自愿承包经营关系，结合当时各户承包经营的耕地的实际情况承包经营。如今赵某良认为村委会无权私自将承包人经营的土地收回，更无权转包他人。为此，赵某良将村委会起诉，要求收回“品味茶园”并赔偿其经济损失。

法院一审判决驳回了赵某良的诉讼请求，二审维持原判。

案件评析

本案属于土地承包经营权纠纷。本案争议的焦点是如何证明原告享有土地承包经营权。

1.1991 年，村委会通过支付补偿款的方式与赵某良协商收回了本案涉及的“品味茶园”，赵某良已领款并签字。事实上，村民与村委会关于“品味茶园”已经解除了承包合同。

2.1999 年，第二轮土地承包经营开始，顺延 20 世纪 80 年代的方案，各户自行将土地承包户的各户主及家庭人口、经营管理的耕地地名、面积上报村里，经登记造册，政府发放《土地承包经营权证》，而“品味茶园”不在范围。《中华人民共和国民法典》第三百三十三条规定“土地承包经营权自土地承包经营权合同生效时设立。登记机构应当向土地承包经营权人发放土地承包经营权证、林权证等证书，并登记造册，确认土地承包经营权”。赵某良也未取得“品味茶园”的经营权证。

3. 现在“品味茶园”里种植的茶树等地上附着物也不是赵某良所种。赵某良既没有实际种植，也不能证明该茶园的承包经营权属于经营权的流转。

因此，基于以上三点事实，赵某良无法证明享有“品味茶园”的土地承包经营权。

《中华人民共和国民法典》规定，土地承包经营也应依法办理土地承包经营权证，详细记载承包土地位置、面积、空间等信息，明晰土地承包经营权归属。这对于依法认定和妥善处理土地承包纠纷具有重要的意义，可以有效避免此类承包过程中产生的纠纷。本案中，赵某良要证明享有其土地承包经营权，至少需结合土地承包合同、土地承包经营权证、实际耕种三个事实。法院坚持尊重历史的原则，按照兼顾维护权益的理念，进行综合评估考量后，做出合理、合法的判决，依法保护农村土地承包经营当事人的合法权益，维护合法、有序的承包经营关系，促进农业、农村经济发展和农村社会的和谐稳定，也有利于稳定市场经济秩序。

第二部分

宅基地与房屋

一、宅基地的取得不得违反“一户一宅”的原则，否则行为无效。

基本案情

李某新祖孙三代，仅原告李某新在某县某镇某村有一处宅基地，其儿子李某涛不符合享有宅基地的条件，其两个孙子均未满18周岁，也不符合申请宅基地的条件。2019年10月，因某镇人民政府开发住宅小区需占用李某新及其儿子李某涛的承包地，经某县某镇某村村委会与李某新多次协商，该村委会同意在本村西北角批给李某新一份宅基地，但李某新需出资一万元购买。李某新为了建房，与村委会签订购买宅基地协议，村委会明确表示2020年底之前将本村西北角建好地基的宅基地转让给李某新，但时至今日仍未履行。李某新因此将该村村委会起诉至法院，要求确认其与某县某镇某村村委会所签订的协议合法有效，并要求某县某镇某村村委会履行协议，将本村西北角建好地基的宅基地的房屋使用证交付李某新。

法院认为：原告李某新在某县某镇某村有宅基地，不再拥有审批新宅基地的权利，双方签订的协议违反了“一户一宅”的法律强制性规定。违反法律、行政法规强制性规定的民事行为无效，故原告、被告双方签订的协议无效。原告主张确认双方所签协议合法有效，要求被告将本村西北角建好地基的宅基地的房屋使用证交付给原告的请求，无法律依据。因此，法院驳回原告李某新的诉讼请求。

案例评析

本案属于宅基地使用权纠纷。

1. 在我国，宅基地和自留地、自留山一样，属于集体所有。《中华人民共和国民法典》第三百六十二条规定：“宅基地使用权人依法对集体所有的土地享有占有和使用的权利，有权依法利用该土地建造住宅及其附属设施。”这项法规明确了农民对宅基地的占有和使用权，其目的是为了解决农民的基本居住问题，但农民仅对宅基地拥有使用权而无所有权，所有权属于村集体。

2. 由于我国农村人口基数大，土地资源有限，因此对于宅基地的使用必须加以规范，以控制建设用地总量，有效保护资源，实现优化配置。《中华人民共和国民法典》第三百六十三条规定：“宅基地使用权的取得、行使和转让，适用土地管理的法律和国家有关规定。”因此，我国土地管理法及地方法规均对农民取得宅基地设定条件，加以限制。依据《中华人民共和国土地管理法》第六十二条“农村村民一户只能拥有一处宅基地，其宅基地的面积不得超过省、自治区、直辖市规定的标准”的规定，农村宅基地的取得必须遵循“一户一宅”原则。

宅基地的使用权由村民按户所有，宅基地的面积也受到严格限制。

3. 本案中，原告李某新和自己的儿子、孙子为一户，且已经在本村拥有一处宅基地，此时仍与村委会签订协议书，约定另一处宅基地的取得，很明显双方的约定内容违反了《中华人民共和国土地管理法》第六十二条关于宅基地“一户一宅”的强制性规定，故依据《中华人民共和国民法典》第一百五十三条“违反法律、行政法规的强制性规定的民事法律行为无效”的规定，双方所签订的协议属于无效协议，原告依据该协议的内容要求村委会履行交付宅基地的诉求不能得到法律的支持。

二、同一集体经济组织成员之间对宅基地上房屋进行交易和买卖，应视为宅基地使用权一并出卖。

基本案情

蒋某萍原是桂林市某县某镇某村村民，1985 年，蒋某萍与其丈夫陈某荣（现已去世）在该村修建三间房屋用于居住。1987 年，某县土地管理局批准拨给蒋某萍 240 平方米宅基地用于建房，并办理了〔1987〕第 02716 号房屋准建证。1989 年，蒋某萍搬至某县交通局宿舍居住。1995 年，同村的王某元与陈某荣协商，陈某荣同意以 23000 元的价格将其在某村的房屋卖给王某元。之后王某元一直在该房屋内居住。

2002 年，蒋某萍因房屋产权问题向某县人民法院提起房屋买卖合同民事诉讼，某县人民法院做出一审民事判决，认定双方的房屋买卖关系成立，驳回蒋某萍的诉讼请求。之后本案经过二审，桂林市中级人民法院做出终审民事判决，驳回蒋某萍上诉，维持原判。

蒋某萍向某县政府申请确认上述房屋所涉土地的使用权属于蒋某萍。2018 年 6 月 14 日，某县政府做出处理决定，将蒋某萍已卖房屋所占的土地使用权确认归于王某元享有。蒋某萍不服，向桂林市政府申请复议。2018 年 11 月 2 日，桂林市政府做出复议决定，维持了某县政府的处理决定。蒋某萍仍不服,遂诉至桂林市中级人民法院，请求：撤销某县政府的处理决定和桂林市政府行政复议决定；责令某县政府重新做出行政判决。

桂林市中级人民法院一审认为：陈某荣、蒋某萍与王某元于 1995 年的房屋买卖关系成立，上述事实已经生效。遵循房屋所有权和房屋占用范围内的土地使用权权利主体一致的原则，在陈某荣、蒋某萍将上述房屋卖给王某元后，该房屋所占宅基地的使用权也随着房屋权益一起转让给王某元。某县政府在查明事实的基础上，依据相关法律规定，将陈某荣、蒋某萍已卖房屋所占的土地使用权确认归于王某元享有，并无不妥。桂林市政府复议后维持原判。蒋某萍要求将其已卖房屋所占的土地使用权归其享有，没有法律依据，法院不予支持。一审判决驳回蒋某萍的诉讼请求。蒋某萍不服一审判决，向广西壮族自治区高级人民法院提起上诉。

广西壮族自治区高级人民法院认为：陈某荣、蒋某萍与王某元关于涉案三间房屋的买卖关系已成立，有生效的民事判决为证，本院予以确认。根据《中华人民共和国物权法》（已废止）[①]第一百四十七条的规定，当房屋等建筑物因转让、互换、出资或者赠予等处分形式发生权利主体变更时，该建筑物占用范围内的土地使用权归属主体应相应予以变更。遵循房屋所有权与土地使用权权利主体一致的原则，在陈某荣、蒋某萍与王某元没有明确约定不转让宅基地的情况下，法院认定陈某荣、蒋某萍与王某元的房屋买卖关系涵盖房屋所占土地使用权。某县政府的处理决定是根据房地权利主体一致原则进行确权，符合法律规定。综上所述，某县政府做出的处理决定并无不妥，桂林市政府做出复议决定予以维持，一审判决驳回蒋某萍的诉讼请求，均正确。蒋某萍的上诉理由不成立。广西壮族自治区高级人民法院驳回蒋某萍的上诉，维持原判。

---

① 因本案法院判决时间为2019年，《中华人民共和国物权法》仍有效，因此能够作为人民法院判决的依据。

案例评析

本案属于某县人民政府对土地确认权属、桂林市人民政府行政复议案件。

1. 农村集体经济组织成员之间的房屋、宅基地买卖现象在现实生活中一直存在，且为民间习俗所认可。本案一审、二审法院审判的主要依据为《中华人民共和国物权法》第一百四十七条的规定。《中华人民共和国物权法》废止后，《中华人民共和国民法典》第三百五十七条的规定延续了原《中华人民共和国物权法》第一百四十七条的规定，即“建筑物、构筑物及其附属设施转让、互换、出资或者赠与的，该建筑物、构筑物及其附属设施占用范围内的建设用地使用权一并处分”，以上规定意在确立房地权利主体一致的原则。

2.《中华人民共和国民法典》第三百六十三条规定：“宅基地使用权的取得、行使和转让，适用土地管理的法律和国家有关规定。”《中华人民共和国土地管理法》第六十二条第四款规定：“农村村民出卖、出租、赠与住房后，再申请宅基地的，不予批准。”根据上述法律规定，农村村民出卖住房也包括宅基地使用权一并转让。本案为同一农村集体经济组织成员之间的宅基地上房屋买卖，应视为宅基地使用权一并转让。故蒋某萍在案件中以农村集体土地不准买卖的规定主张“卖房却不卖地”的说法，于法于理都不能成立。另外需注意的是，村民在将自己宅基地上的房屋售卖后，不可以再申请宅基地。

三、向本集体经济组织成员之外的个人或城镇户籍居民卖出宅基地上房屋的行为无效。

基本案情

沈某与邵某于2004年4月9日签订《协议书》，约定将沈某位于马鞍山市某区集体土地的宅基地上建筑面积为138.6平方米的房屋转让给邵某，转让费为82800元。邵某属于城镇居民，该《协议书》经马鞍山市公证处公证。2004年4月24日，沈某收到邵某购房款82800元，并将房屋及房屋所有权证、土地使用证交付邵某。

2020年，沈某以邵某为被告向马鞍山市某区人民法院提出诉讼，诉讼请求为：确认沈某与被告2004年4月9日签订的《协议书》无效。

法院认为：宅基地使用权是我国农村集体经济组织成员享有的一项用益物权，与物权人特定的身份具有密切关系。国家现行政策明确规定禁止城镇居民在农村购买宅基地或者地上建筑物。本案邵某为城市居民，其与沈某所签订的《协议书》涉及集体土地的宅基地上房屋买卖，违反当前我国的土地法律和政策，损害了集体经济组织的利益，该协议书应认定无效。邵某关于本案已过诉讼时效及先行撤销公证书的观点，无法律依据，法院不予采纳。法院判决确认原告沈某与被告邵某于2004年4月9日所签订的关于马鞍山市某区房屋买卖《协议书》无效。

案例评析

本案属于确认合同效力纠纷。

我国农村宅基地使用权是集体经济组织成员享有的权利，与该集体经济组织成员的特定身份相联系，具有福利性质和保障功能，不得转让给集体经济组织以外的人。《中华人民共和国民法典》中虽没有明确规定将农民宅基地上的房屋出售给集体经济组织以外的个人行为的效力问题，但在第三百六十三条中规定“宅基地使用权的取得、行使和转让，适用土地管理的法律和国家有关规定”。

因此，我国现行土地管理法律、法规及《最高人民法院第八次全国法院民事商事审判工作会议（民事部分）纪要》中关于农村房屋买卖问题规定“在非试点地区，农民将其宅基地上的房屋出售给本集体经济组织以外的个人，该房屋买卖合同认定为无效”；《国务院办公厅关于加强土地转让管理严禁炒卖土地的通知》中明确规定“农民的住宅不得向城市居民出售，也不得批准城市居民占用农民集体土地建住宅，有关部门不得为违法建造和购买的住宅发放土地使用证和房产证”；《国务院关于深化改革严格土地管理的决定》中规定“改革和完善宅基地审批制度，加强农村宅基地管理，禁止城镇居民在农村购置宅基地”；《关于加强农村宅基地管理的意见》规定“严禁城镇居民在农村购置宅基地，严禁为城镇居民在农村购买和违法建造的住宅发放土地使用证”。这些政策均对非集体经济组织成员或城镇居民购买农村宅基地上房屋做出禁止性规定。

由于城镇居民购买农村宅基地上房屋可能造成农民失去土地的问题，禁止这种行为已经成为我国的基本政策。因此，根据《中华人民共和国民法典》第一百三十二条“民事主体不得滥用民事权利损害国家利益、社会公共利益或者他人合法权益”以及第一百五十三条“违反法律、行政法规的强制性规定的民事法律行为无效”的规定，在司法实践中，法院一般都会以“行为人违反了社会公共利益从而违反强制性规定”认定这种买卖行为无效。

因此，个人在购买农村宅基地上的房屋之前，应当先了解自己是否具备购买资格，慎重考虑，否则即使签订了房屋买卖合同，也存在被法院认定为无效合同的风险，不但无法取得房屋的所有权，而且还可能需要根据自己的过错承担因合同无效造成的损失。

四、村民转为城镇户籍后如何对宅基地权利进行有效保护的问题。

基本案情

陆某益原为湖南省衡阳市某县某镇某村村民，并在该村拥有宅基地。之后陆某益离开原籍，到衡阳市工作并转为城镇户籍。陆某平为陆某益的儿子，出生后一直随父母在衡阳市生活，为城镇居民。2000 年，陆某春（陆某益的弟弟）经陆某益同意，向相关部门申请拆除陆某益在其所在村宅基地上的旧房并重建新房，某县政府为陆某春颁发了 3405 号《城乡个人建房宅基地许可证》。2007 年 1 月，陆某益去世。两年后，衡阳市政府对集体土地及地上房屋实施征收，并委托当地乡政府与陆某春签订《拆迁安置补偿协议》，对陆某春进行安置补偿。陆某平不服，遂向当地人民法院提起行政诉讼，要求认定某县政府为陆某春颁发的 3405 号《城乡个人建房宅基地许可证》违法并予以撤销；认定某乡政府与陆某春签订的《拆迁安置补偿协议》无效，并判决其重新与陆某平签订《拆迁安置补偿协议》。法院以陆某平与某县政府为陆某春颁发 3405 号《城乡个人建房宅基地许可证》没有利害关系为由，裁定驳回陆某平的起诉。陆某平不服提起上诉，法院二审最终维持一审的判决。

陆某平仍不服，向最高人民法院申请再审，其认为自己与涉案宅基地有直接利害关系，请求撤销一审、二审裁定；确认3405号证书违法并予以撤销；确认某乡政府与陆某春签订的《拆迁安置补偿协议》无效并判定其重新与陆某平签订《拆迁安置补偿协议》。

最高法院认为：《中华人民共和国行政诉讼法》第二十五条第一款规定，行政行为的相对人以及其他与行政行为有利害关系的公民、法人或者其他组织，有权提起诉讼。本案中，经原审法院查明，涉案宅基地的使用权原为陆某平之父陆某益所有。20世纪50年代初，陆某益离开原籍某县某村，到衡阳市工作并转为城镇户籍。陆某平出生后一直随父母在衡阳市生活，也为城镇居民。2000年，陆某春经陆某益同意，向相关部门申请拆除陆某益的旧房并重新建设新房，某县政府为陆某春颁发了3405号证件。2007年1月，陆某益去世。可见，陆某益对原房屋的所有权及涉案宅基地的使用权，因陆某春对原房屋拆除已经丧失，陆某平作为陆某益的继承人也同时丧失对该土地相关权利的承继，故某县政府的颁证行为与其没有利害关系，其请求撤销3405号证件，不具有原告主体资格。法院一审、二审裁定驳回陆某平的起诉，并无不当。陆某平请求确认某乡政府与陆某春签订的《拆迁安置补偿协议》无效并判决其重新与陆某平签订《拆迁安置补偿协议》，不属于本案的审查范围，本院不予支持。

最高人民法院再审裁定驳回陆某平的申请。

案例评析

本案属于行政许可纠纷案。

1. 我国宅基地使用权，实际上是农村村民依法对集体所有的土地享有占有和使用以及依法利用该土地建造住宅及其附属设施的权利，是一种带有社会福利性质的用益物权，该权利带有目的唯一性，即必须用于建造住宅及居住，也就是说，宅基地使用权依附于宅基地上的房屋状况，农民在本村获批宅基地的使用权后，应当在该宅基地上建造房屋及居住。一旦房屋建设完成，根据《中华人民共和国民法典》第二百三十一条的规定“因合法建造、拆除房屋等事实行为设立或者消灭物权的，自事实行为成就时发生效力”，合法建房的农民对所建房屋享有物权，同时对建筑物所占宅基地拥有使用权。相反，若农民获批宅基地使用权后长时间（一般为两年）不在该宅基地上建设住宅，村委会有权收回该宅基地分配给其他村民。当农民因各种原因暂时不在本村居住甚至已经转为城镇户籍后，其宅基地上的旧房屋不及时修缮已经倒塌或被其他村民拆除重建，即使宅基地证上仍登记自己的名字，其对原房屋的所有权及宅基地的使用权也会因宅基地上的旧房屋灭失而丧失。

2. 从最高法院的裁判规则不难看出，即使农民已经不在本村居住甚至已转为城镇户籍居民，但只要注意以下几点，仍然可以有效保护原有农村宅基地的使用权利益。

首先，即使农民离开本村转为城镇户籍居民，其在村里宅基地上的房屋也不能拆除（无论是自己拆除或是同意他人拆除），因为地上房屋一旦拆除，房屋所有权因拆除行为而丧失，宅基地的使用权也就随之丧失，所有的权利将全部清零，作为城镇户籍居民就再也没有资格获批宅基地使用权。

其次，即使农民离开本村转为城镇户籍居民，不在本村居住，也应当经常回去查看老宅或委托专人照料房屋。如果老房子确实已经破烂不堪，存在坍塌风险，权利人应当及时对房屋加以维修、加固，否则，宅基地上房屋因坍塌后无人修缮而灭失，所有的权利也将全部清零，村集体有权将所涉土地收回集体后重新分配给其他村民。

总而言之，只要宅基地上的房屋没有灭失，村集体就不能随意将宅基地使用权收回重新分配。此时，无论权利人是否为本村成员，其对房屋的所有权及宅基地的使用权都受法律保护。

五、非本农村集体成员的农民或城镇居民对农村宅基地是否可以继承？

基本案情

1954年11月11日，薛再父亲薛某与母亲于某结婚，双方均为再婚。双方婚前各有一处宅院，于某的宅院是与前夫离婚时分割所得，薛某的宅院为继承所得。双方结婚时，薛某与前妻所生两个儿子和一个女儿，分别为大儿子薛甲（2008年10月21日去世），小儿子薛乙（1995年9月17日去世），女儿薛丙（已结婚，并明确放弃权利）。婚后薛某的子女薛甲、薛乙、薛丙都居住在薛某的宅院内。1964年，薛某、于某共同重建了薛某宅院内的房屋，并由薛甲、薛乙、薛丙居住。1964年5月14日，薛再出生，其与父母在于某的宅院内居住。1992年，忻州市人民政府根据“忻政发〔1992〕68号文件”精神，对全市农村居民个人建房用地进行了调查、勘测、审批。1992年10月10日，忻州市人民政府颁发“忻集建〔1992〕字第025993号《集体土地建设用地使用证》”，将薛甲、薛乙共同居住的争议宅院颁证于薛甲名下。2005年8月25日，薛某去世，于某和薛再搬迁至该争议宅院内居住生活。

2011年1月21日，薛再诉至忻州市忻府区人民法院，请求依法判决撤销忻州市忻府区人民政府为薛甲颁发的

"忻集建〔1992〕字第025993号《集体土地建设用地使用证》"。理由如下：忻州市忻府区人民政府颁证时未进行实际调查，错把本属于薛某的宅基地登记在薛甲名下；该宅院为薛某继承所得，生前未给子女"分家析产"，对此被告将宅基地使用证颁在薛甲名下侵犯了原告的权益；薛某去世后，薛再与母亲搬至该宅院内生活至2010年才得知该宅基地已登记在薛甲名下。

2011年5月18日，于某去世。忻州市忻府区人民法院于2012年5月16日做出"〔2012〕忻行初字第13号"一审行政判决：撤销忻州市忻府区人民政府为薛甲颁发的"忻集建〔1992〕字第025993号《集体土地建设用地使用证》"。一审宣判后，本案进入二审。

法院二审认为：薛再作为薛某、于某二人的儿子，对涉及薛某、于某二人的合法财产具有继承权。虽然薛再是城镇户籍人口，但不能因此丧失对集体土地性质的宅基地使用权的继承权。根据2011年《关于农村集体土地确权登记发证的若干意见》第六条："已拥有一处宅基地的本农民集体成员、非本农民集体成员的农村或城镇居民，因继承房屋占用农村宅基地的，可按规定登记发证，在《集体土地使用证》记事栏应注记该权利人为本农民集体原成员住宅的合法继承人。"所以薛再对本案诉争的宅基地使用权拥有继承权。忻州市忻府区人民政府仅依据忻府区某村委会出具的证明，而没有对诉争宅基地使用权的权属进行实质性审查，在没有查明土地历史使用情况和现状的情况下颁发宅基地使用权证书，属于违法行为。法院二审判决驳回上诉，维持原判。（本案中人物姓名均为化名）

案例评析

1. 宅基地是基于集体经济组织成员身份申请取得的，一般不能继承宅基地使用权，但因房屋的存在可以继续使用宅基地。《中华人民共和国民法典》第一百二十四条规定："自然人依法享有继承权。自然人合法的私有财产，可以依法继承。"宅基地上的房屋应属公民个人合法私有财产，可以作为遗产予以继承，也就是说，宅基地上的房屋是可以继承的。同时，根据《中华人民共和国民法典》第三百五十七条"建筑物、构筑物及其附属设施转让、互换、出资或者赠与的，该建筑物、构筑物及其附属设施占用范围内的建设用地使用权一并处分"所确定的"地随房走"原则，公民继承了房屋，自然可以使用房屋所占的宅基地。因此，在事实上宅基地的使用权会因继承地上房屋得以"继承"。由于此种"继承"只在农村集体组织内部进行，不会造成农村土地资源的流失，也不会使农村住宅的管理混乱，故农村宅基地的使用权可以"继承"，在法律上是可以得到支持的。

2. 农村集体组织成员丧失其农村集体组织成员主体资格以后（或成为城镇户籍居民），是否还拥有宅基地使用权的继承权呢？其实2011年《关于农村集体土地确权登记发证的若干意见》和以上案例中人民法院的审判规则已经对此问题做出了肯定性回答，即“非本农民集体成员的农村或城镇居民，因继承房屋占用农村宅基地的，可按规定登记发证，在《集体土地使用证》记事栏应注记该权利人为本农民集体原成员住宅的合法继承人”。应注意的是，为非农业人口办理宅基地使用权登记的前提是继承宅基地上的房屋。

六、在家庭共有关系存续期间，共同出资、出力建造的宅基地上房屋应当属于家庭成员共同所有。部分共有人以个人名义登记领取房屋权属证明，应当视为代表所有共有人进行登记的行为。

基本案情

李某贤、周某英为夫妻关系，李某镇为李某贤、周某英所生儿子。李某镇与王某花于1982年2月11日结婚，李某鑫为李某镇与王某花所生儿子，李某鑫与马某于2006年11月3日结婚。李某镇及妻子王某花、儿子李某鑫、儿媳马某与被告李某贤及妻子周某英为祖孙三代，现居住在沈阳市某区某乡某村的房屋内。该房屋是1988年7月在原房址上翻新建造的。翻新建房时，李某贤、周某英及李某镇、王某花、李某鑫就在同一家庭共同生活，当时李某鑫不满6岁。该房屋的所有权证登记的产权人为李某贤，建筑面积为136.8平方米，所在宅基地的使用证登记人也为李某贤，用地面积624平方米，未登记其他共有人的姓名。2012年3月15日，李某贤与拆迁单位沈阳某区管理委员会签订《房屋拆迁货币补偿安置协议书》，对上述房屋及地上物拆迁以货币补偿达成协议。

2012年，李某镇及王某花、李某鑫、马某以李某贤、周某英为被告，以沈阳市某区管理委员会为第三方，向沈阳市人民法院提起诉讼，诉讼请求为：确认坐落于沈阳市某区某乡某村面积为136.8平方米的私有房屋及624平方米的宅基地为李某镇、王某花、李某鑫、马某与李某贤、周某英共有房屋。

沈阳市人民法院于2012年12月4日做出判决：驳回李某镇、王某花、李某鑫、马某的诉讼请求。宣判后，李某镇、王某花、李某鑫、马某提出上诉。沈阳市中级人民法院于2013年3月20日做出判决：驳回上诉，维持原判。

李某镇、王某花、李某鑫、马某向辽宁省高级人民法院申请再审。该法院于2014年2月13日做出民事案件裁定：指令沈阳市中级人民法院再审本案。

法院再审认为：李某镇、王某花等主张坐落于沈阳市某区某乡某村面积为136.8平方米的房屋为李某镇、王某花、李某鑫、马某、李某贤、周某英共有的问题属于物权纠纷。家庭共有财产是家庭成员在共同生活期间共同创造所得的财产。根据1986年3月31日的“宅基地使用证登记表”、1988年5月18日的“村镇房屋建设许可证通知单”和李某贤申请翻新房屋的记载，可确定涉案房屋为1988年翻新建造。李某镇、王某花于1982年结婚，同年年底生育李某鑫。1988年李某贤、周某英、李某镇、王某花、李某鑫在一个家庭共同生活，在没有证据证明当时已经分家析产的情况下，1988年翻建的房屋应认定为用家庭共同劳动收入所重建，应确认为家庭共有财产。该房屋应以合法建造的事实行为设立物权，属于物权的原始取得。本案原告提供的相反证据足以证明房屋产权证上权利人仅记载为李某贤与真实情况不符，不动产登记的情况不能对抗真实物权权利人，且本案不涉及房屋交易第三方的情况，故李某镇、王某花主张确认争议房屋共有权成立。但由于李某鑫在1988年时年龄太小，尚需要其他家庭成员抚养，也无证据证明其对房屋翻新有贡献，因此，李某鑫无权主张其对房屋的共有权利。马某与李某鑫于2006年11月3日结婚，未对房屋的翻新进行投入，马某也无权主张对争议房屋享有共有权利。

辽宁省高级人民法院最终的审判结果：撤销沈阳市人民法院和沈阳市中级人民法院的判决；确认李某镇、王某花对坐落于沈阳市某区某乡某村面积为 136.8 平方米的房屋享有共有权。

案例评析

本案属于物权保护纠纷。

1. 关于家庭共有财产，我国现行法律中未明确规定，但《中华人民共和国民法典》第二百九十七条“不动产或者动产可以由两个以上组织、个人共有。共有包括按份共有和共同共有”及第二百九十九条“共同共有人对共有的不动产或者动产共同享有所有权”对“共有”加以规定，可以认为家庭共有财产是共同所有的一种形式。家庭共有财产是指家庭成员在家庭共同生活关系存续期间共同创造、共同所得的财产。对家庭共有财产的判定，一般考虑三个因素：第一，家庭成员是否存在共同生活关系；第二、家庭共有财产关系是否基于一定的法律事实形成，如婚姻关系的存续、共同劳动、共同经营或共同接受赠与等；第三，家庭成员之间是否有家庭财产共有的约定，如分家析产约定。

本案中涉案房屋的权利证书虽然只登记了家庭成员李某贤一个人的名字，但涉案房屋为 1988 年翻新建造。原告李某镇、王某花于1982年结婚，同年年底生育李某鑫，1988年在房屋翻新建造时，被告李某贤、周某英与李某镇、王某花、李某鑫在一个家庭共同生活。在此种情况下，原告李某镇、王某花夫妇有能力出资、出力建房，因此涉案房屋应当属于原告李某镇、王某花与被告李某贤、周某英共同所有。原告李某鑫与马某虽然也属于家庭成员，但未对房屋的翻新有所投入，因此不能对涉案房屋享有权利。

2.《中华人民共和国民法典》第二百零九条规定："不动产物权的设立、变更、转让和消灭，经依法登记，发生效力；未经登记，不发生效力，但是法律另有规定的除外。"可见，《中华人民共和国民法典》对不动产物权采取登记生效原则，不动产物权登记的效力，我国在立法上一般采纳登记要件原则，对于房屋产权的归属一般应以产权登记为准，法律另有规定的例外情形才实行登记对抗原则。根据《中华人民共和国民法典》第二百三十一条"因合法建造、拆除房屋等事实行为设立或者消灭物权的，自事实行为成就时发生效力"的规定，结合本案中涉案房屋为被告李某贤、周某英与原告李某镇、王某花共同生活期间共同出资、出力翻新建造的事实，可以得出原告李某镇、王某花基于对涉案房屋的建造行为已经获得涉案房屋的物权，即使涉案房屋的权利证书中未登记李某镇、王某花的名字，也不能否认原告因建造事实所拥有对涉案房屋的物权。因此，在共有房屋由共有人中的一人或者数人以个人或者部分共有人的名义登记领取了产权证，其他共有人有证据足以证明产权未转移的，应将该产权证视为登记人代表所有共有人取得的产权证明。

综上所述，家庭成员共同生活期间建造的不动产，即使仅登记在部分成员名下，只要该不动产是以家庭共同劳动收入投资创造，且家庭成员之间未对不动产权形成归属协议，应当确认该不动产为家庭共有财产。

七、村民之间因宅基地使用权发生纠纷如何处理？

基本案情

牛某芳在 1991 年 1 月因无房居住向长治市某村村委会申请宅基地一处，后因与丈夫王某清感情不好而提起离婚诉讼。长治市人民法院于 1994 年 11 月 19 日做出民事调解书，调解书内容第三项：“婚后所批宅基地 104 平方米，双方各占 52 平方米。”离婚后，王某清未经牛某芳同意，将此宅基地转让给陈某则，陈某则在此宅基地上建造二层住房。王某清于 2016 年去世，牛某芳得知涉案宅基地被转让并建房后，以陈某则为被告向长治市人民法院提起诉讼，要求依法确认王某清与陈某则的宅基地使用权买卖合同无效，此宅基地归原告所有；要求被告排除妨害，拆除违法建筑，返还宅基地。我国的土地管理法严禁非法买卖宅基地，宅基地归集体所有，只能本村村民使用，而陈某则不具有本村户籍，不能在农村购买宅基地。王某清未经共有人牛某芳同意，擅自出卖宅基地获利，侵犯共有人的合法权利，其处分行为无效。

法院以“本案原告、被告争议的实质是宅基地的使用权问题，属于土地使用权纠纷，应当先由有关人民政府处理”为由做出民事裁定，驳回原告的诉求。

牛某芳不服法院裁定，向长治市中级人民法院提起上诉。

长治市中级人民法院认为：本案是上诉人牛某芳认为其享有的宅基地使用权受到侵害而提起的诉讼。对该处宅基地，长治市人民法院于 1994 年 11 月 19 日做出民事调解书，该调解书中牛某芳与王某清达成“婚后所批宅基地 104 平方米，双方各 52 平方米”的一致意见。该调解书已经发生法律效力。本案现有证据无法证明诉争的宅基地使用权存在纠纷。牛某芳的起诉符合《中华人民共和国民事诉讼法》第一百二十二条规定的起诉条件，依法应予受理。长治市中级人民法院判决撤销一审裁定，将本案交于长治市人民法院重新审理。

案例评析

在我国，农村宅基地使用权属于用益物权，当宅基地使用权受到侵害或权属发生争议时，可以根据《中华人民共和国民法典》第二百三十三条“物权受到侵害的，权利人可以通过和解、调解、仲裁、诉讼等途径解决”及第二百三十四条“因物权的归属、内容发生争议的，利害关系人可以请求确认权利”规定的方式和途径解决纠纷。在实践中，如何根据纠纷的性质选择正确的处理方式进行维权呢？一般情况下，对于宅基地使用权的纠纷可分为权属争议纠纷和权属无争议的一般侵权纠纷，如当事人双方的宅基地使用证存在界限不明确或界限重合或双方均无宅基地使用证的情形就属于权属不清，只要一方当事人提出争议，双方协商不成，即形成宅基地权属争议。对于该纠纷，根据《中华人民共和国民法典》第三百六十三条“宅基地使用权的取得、行使和转让，适用土地管理的法律和国家有关规定”及《中华人民共和国土地管理法》第十四条“土地所有权和使用权争议，由当事人协商解决；协商不成的，由人民政府处理。单位之间的争议，由县级以上人民政府处理；个人之间、个人与单位之间的争议，由乡级人民政府或者县级以上人民政府处理。当事人对有关人民政府的处理决定不服的，可以自接到处理决定通知之日起三十日内，向人民法院起诉”的规定，必须先由人民政府处理，由人民政府做出确认权属决定，若当事人对政府确权决定不服才可以向人民法院提起行政诉讼。若享有权属依据的一方当事人未经人民政府确权，直接向人民法院以侵权提起诉讼，人民法院是不能直接处理的。如果双方当事人对宅基地权属都没有争议，享有宅基地权属依据的一方当事人认为对方侵犯自己宅基地权属的争议，可根据《中华人民共和国民法典》第二百三十五条“无权占有不动产或者动产的，权利人可以请求返还原物”及第二百三十六条“妨害物权或者可能妨害物权的，权利人可以请求排除妨害或者消除危险”的规定直接向人民法院起诉，人民法院应视为侵权民事案件受理。

本案中，涉案宅基地使用权并不存在争议，应当属于一般的侵权案件，一审法院在对争议事项未查明的情况下，直接以“本案原告、被告争议的实质是宅基地的使用权问题，属于土地使用权纠纷，应当先由有关人民政府处理”为由裁定驳回原告的起诉明显不当。

当宅基地使用权发生纠纷时，当事人应当首先分清“宅基地侵权”与“宅基地确权”的界线，否则会导致因选择解决方式错误而增加诉讼成本。

第三部分

农村集体土地及地上建筑物、附着物征收

一、集体土地征收主体应为县级以上人民政府。若无充分证据证明征收行为是村民委员会或其他民事主体在征收部门不知情的情况下私自实施的，一般应推定为该征收行为是由负有征收职责的行政机关委托相关主体实施。

基本案情

江某亳为武汉市某区某村村民。为解决某村因生态环境影响村民居住的问题，经武汉市某区人民政府、武汉市某区管理委员会批准，在该村进行棚户区（城中村）改造项目，对村民的自住房屋实施收购补偿工作。江某亳所居住的房屋在集体土地上，且在本次改造范围内。武汉市某建设开发投资有限公司和某村委会联合发布的《前期住宅房屋收购登记公告》载明：房屋收购的方式实行自愿原则，在规定的时间内未登记的村民，视为不愿意被收购房屋，放弃参与此次收购工作。

江某亳认为武汉市某区人民政府、武汉市某区管理委员会是以收购之名对村民的房屋进行征收，其补偿标准和收购程序不合法，故江某亳以武汉市某区人民政府、武汉市某区管理委员会为被告向武汉市中级人民法院提起行政诉讼，请求依法确认被告武汉市某区人民政府、武汉市某区管理委员会收购某村住宅房屋的行政行为违法。

经审理，武汉市中级人民法院认为被起诉的房屋收购行为是以村民自愿为前提的，不具有强制性，该收购行为对原告江某毫的权利和义务不产生增、减、灭、失的实际影响，一审裁定驳回原告江某毫的起诉。

江某毫不服一审裁定，向湖北省高级人民法院提起上诉，称某村棚户区（城中村）改造项目为武汉市人民政府授权武汉市某区人民政府、武汉市某区管理委员会实施的“三旧”改造及房屋征收项目，在具体实施过程中，侵犯了江某毫的合法权益。武汉市某区人民政府、武汉市某区管理委员会以自愿收购为名，对某村的房屋进行征收，属于行政诉讼受理范围。湖北省高级人民法院审理后认为武汉市某区人民政府、武汉市某区管理委员会并非涉案房屋的收购主体，不是本案适格被告，江某毫的起诉不符合行政案件的起诉条件。故湖北省高级人民法院裁定驳回江某毫的上诉，维持一审原判。

江某毫仍不服湖北省高级人民法院做出的二审裁定，认为原审裁定认定事实不清，适用法律不当。故向最高人民法院提起再审，请求撤销一审、二审裁定，对本案依法再审。

最高人民法院认为：集体土地征收补偿工作由市、县人民政府及土地行政主管部门组织实施。在集体土地征收过程中涉及的发布征地公告或安置补偿方案、对被征收土地及附着物的调查、对被征收人的补偿、对地上附着物进行强制清除等行为，如果无充分证据证明为村民委员会或其他民事主体在征收部门不知情的情况下私自实施的，一般应推定负有集体土地征收职责的行政机关委托相关主体实施。本案中，江某毫提供的证据可证明：湖北省住房和城乡建设厅做出复函，将某村纳入湖北省棚户区改造计划；武汉市某区管理委员会发文将某村纳入2017年“三旧”（棚户区）改造范围；该棚户区改造项目的资金来源于政府财政；武汉市某区街道办事处告知部分上访人，某区管理委员会已经做出对某村房屋进行收购，在某村新建的补偿决定，补偿方案由某区管理委员会专题会议研究通过；武汉市某建设开发投资有限公司、某村委会经某区管理委员会的批准实施某村收购补偿工作。上述证据可初步证明某村的棚户区改造项目是由政府主导、组织的，而非某村委会的村民个体行为。二审法院未对相关证据的真实性、合法性、关联性进行审查，即认定涉案房屋收购主体为某村委会而非武汉市某区人民政府、武汉市某区管理委员会，属于认定事实不清。

最高人民法院裁判结果：驳回江某毫的再审申请，但认定二审法院未对相关证据的真实性、合法性、关联性进行审查，即认定涉案房屋收购主体为某村委会而非武汉市某区人民政府、武汉市某区管理委员会，属于认定事实不清。

案例评析：

《中华人民共和国民法典》第三百六十三条规定“宅基地使用权的取得、行使和转让，适用土地管理的法律和国家有关规定”，涉及集体土地征收也应当适用土地管理的法律规定，因此，根据《中华人民共和国土地管理法》第四十七条“国家征收土地的，依照法定程序批准后，由县级以上地方人民政府予以公告并组织实施”及《中华人民共和国土地管理法实施条例》第二十六条“需要征收土地，县级以上地方人民政府认为符合《土地管理法》第四十五条规定的，应当发布征收土地预公告，并开展拟征收土地现状调查和社会稳定风险评估”；第三十一条“征收土地申请经依法批准后，县级以上地方人民政府应当自收到批准文件之日起十五个工作日内在拟征收土地所在的乡（镇）和村、村民小组范围内发布征收土地公告，公布征收范围、征收时间等具体工作安排，对个别未达成征地补偿安置协议的应当做出征地补偿安置决定，并依法组织实施”等规定，集体土地征收主体应为县级以上人民政府，补偿工作应由县级以上人民政府组织相关部门予以实施。

结合最高人民法院审判原则，在集体土地征收过程中涉及的发布征地预公告、对被征收土地及附着物的调查、制作社会风险评估报告、制定安置补偿方案、对被征收人的补偿、对地上附着物进行强制清除等行为，如果无充分证据证明是村民委员会或其他民事主体在征收部门不知情的情况下私自实施的，应推定为负有集体土地征收职责的行政机关委托相关主体实施。

本案中，某村集体土地的改造已纳入湖北省棚户区改造计划，武汉市某区管理委员会也发文将某村纳入 2017 年“三旧”（棚户区）改造范围且该棚户区（城中村）改造项目资金来源于政府财政；补偿方案由武汉市某区管理委员会专题会议研究通过，以上事实可证明某村的棚户区改造项目系由政府主导、组织的，而非某村委会的村民个体行为。

综上所述，在实践中，常会出现当地政府或主管部门没有发布任何书面公告，然后就要对农村村民的房屋进行拆除，并要求与村委会签订补偿协议。在此情况下，被拆迁农民可以根据《中华人民共和国土地管理法》及《中华人民共和国土地管理法实施条例》的规定，直接推定负有征收职责的行政机关一般为县级以上人民政府。

二、征收人征收集体土地不得违反法律规定的权限和程序，否则，被征收人可以请求确认征地行为违法。

基本案情

贵州省天柱县某镇某村农户欧某权在发包方天柱县某镇某村民委员会同意的情况下，于2008年5月3日与杨某芝签订了《土地经营权转让协议书》，同意将自己的责任田的承包经营权流转给杨某芝。杨某芝支付了转让费。双方约定，从2008年5月至2013年7月，该责任田均由杨某芝用来种植农作物。2009年5月，贵州省人民政府根据《中华人民共和国土地管理法》的有关规定，以“黔府用地函〔2009〕31号文件”批示了天柱县2008年第二批城镇建设用地。天柱县人民政府于2009年7月29日在某村张贴《征收土地方案公告》，其征收土地位于天柱县某镇某村，土地用途为综合用地。当日，天柱县国土资源局在某村公示《征地补偿安置方案公告》。2013年7月3日，天柱县国土资源局向欧某权送达征地通知书，欧某权以该土地已转让给杨某芝经营为由拒绝在《征收土地协议书》上签字。2013年7月9日，天柱县国有资产经营开发责任公司将某村欧某权的土地补偿款和农作物补偿款34626元汇入欧某权的账户，国土资源局告知欧某权请其查收。2013年7月12日，天柱县国土资源局以公共建设用地为由，征收杨某芝经营的土地，并将欧某权转让给杨某芝种植蔬菜的菜地夷为平地。杨某芝认为，天柱县国土资源局在进行土地征收前，欧某权已告知天柱县国土资源局其已将被征收的土地转让给杨某芝经营管理，但是天柱县国土资源局并未通知杨某芝征地的有关情况，也并未与其协商相关补偿事宜。因此，杨某芝认为天柱县国土资源局征地程序违法，适用法律错误，认定事实不清，并于2015年8月19日以天柱县国土资源局为被告向贵州省黎平县人民法院提起行政诉讼，请求依法确认天柱县国土资源局的具体行政行为违法。

法院认为：被告天柱县国土资源局根据《贵州省人民政府关于通知县2008年度第二批城镇建设使用土地的批复》，将位于天柱县某镇某村农户欧某权承包的土地进行征收的行为，符合《中华人民共和国土地管理法》第四十六条的规定，属被告履行征收集体土地的法定职责。关于被告征收原告经营管理的集体土地的具体操作是否违法的问题，法院认为，在本案中，被告虽然将《征地补偿安置方案》在被征收土地所在地的某镇某村进行公示，并听取当地经济组织和农民的意见，但是被告征收农户欧某权的土地时，由于土地承包人欧某权拒绝与被告签订《征收土地协议书》，在双方发生争议，且天柱县人民政府未做出裁决之前，被告即强制收回原告经营的承包土地，违反了《中华人民共和国土地管理法实施条例》第十五条和第二十五条的规定。因此，被告征收天柱县某镇某村农户欧某权承包的土地程序违法。

法院判决：被告天柱县国土资源局2013年7月12日征收位于天柱县某镇某村中原告杨某芝所实际经营农户欧某权土地的行为违法。

案例评析：

根据《中华人民共和国民法典》第二百四十四条“国家对耕地实行特殊保护，严格限制农用地转为建设用地，控制建设用地总量。不得违反法律规定的权限和程序征收集体所有的土地”的规定可知，征收人在征收农村集体土地时，应当按照法定的征收程序进行。根据《中华人民共和国土地管理法》第四十七条及《中华人民共和国土地管理法实施条例》第二十六条至三十二条的规定，集体土地的征收程序为：

1. 由市级、县级人民政府在拟征收土地所在的乡（镇）和村、村民小组范围内发布土地征收预公告，启动土地征收，预公告的时间不少于十个工作日，且要求符合《中华人民共和国土地管理法》第四十五条规定的公共利益。

2. 发布土地征收预公告，县级以上人民政府应当对拟征收土地及地上建筑物、附着物进行现状调查。

3. 市级、县级人民政府根据现状调查情况，进行社会稳定风险评估。

4. 市级、县级人民政府根据现状调查情况及社会稳定风险评估报告组织自然资源、财政、农业农村、人力资源和社会保障等有关部门拟定征地补偿安置方案，并在拟征收土地所在的乡（镇）和村、村民小组范围内公告，公告时间不少于三十日。

5. 被征收人可对拟定的征地补偿安置方案提出意见，必要时可以举行听证会，征收人应当根据被征收人提出的合理建议对拟定的征地补偿安置方案加以修改后确定。

6. 与被征收人签订征地补偿安置协议，对个别难以达成征地安置协议的，在申请征收土地时如实说明。

7. 由市级、县级人民政府直接向具有审批权的上级单位申请土地征收审批。

8. 土地征收经依法批准后，县级以上地方人民政府应当自收到批准文件之日起十五个工作日内在拟征收土地所在的乡（镇）和村、村民小组范围内发布正式的征收土地公告。

9. 对个别未达成征地补偿协议的村民，由县级以上人民政府做出征地补偿安置决定。

10. 在实施土地征收时，对于阻挠国家征地的，由县级以上人民政府责令其交出土地，可向人民法院申请强制执行。

本案中，法院所依据的《中华人民共和国土地管理法实施条例》已于 2021 年修订，修订后的《中华人民共和国土地管理法实施条例》虽然删除了关于被征收人“对补偿标准有争议的，由县级以上地方人民政府协调；协调不成的，由批准征收土地的人民政府裁决”的前置程序，但也规定了在征收人与被征收人对补偿安置事宜不能达成一致的，应当先由征收人出具补偿决定书。若征收人未按照上述程序进行征收，被征收人有权向人民法院提起诉讼，要求确认其征地行为违法。

三、农民承包地被依法征收的，承包经营权人有权获得征收人的相应补偿。

基本案情

2019 年 8 月 19 日，甲方（发包方）山东省潍坊市昌乐县某村委会与乙方（承包方）张某传签订《昌乐县农村土地承包合同》。双方约定乙方以家庭承包的方式承包耕地 0.37 公顷，承包期为 30 年，如遇国家征收或者征用乙方所承包土地时，乙方应当予以支持。乙方有权要求征地主管部门按规定给予补偿。2019 年 9 月 17 日，张某传向某村委会、昌乐县人民政府某街道办事处提交《昌乐县农村土地承包经营权登记申请书》，某村委会根据上述承包合同为张某传发放了《中华人民共和国农村土地承包权证书》。

2021 年 5 月，因某产业园二期工程需征用某村土地，张某传与某村委签订拆迁协议，约定征用张某传位于村南土地共计 0.13 公顷，补偿费共计 110728 元。某村委会支付给张某传土地补偿款 85128 元，剩余的土地补偿款 25600 元，某村委会以张某传家庭内部存在争议为由未向张某传支付。

张某传向某村委会多次催要无果后，向昌乐县人民政府某街道办事处对某产业园项目征地补偿问题提起信访，昌乐县人民政府某街道办事处于 2021 年 11 月 13 日针对张某传反映征地补偿问题出具信访事项处理意见书，该意见书载明：目前这部分补偿款尚在某村委会存放，待你家庭内部形成共识后支取。

张某传不服，遂于 2021 年 11 月以昌乐县人民政府某街道办事处、某村委会为被告向山东省昌乐县人民法院提起民事诉讼，诉讼请求为：请求依法判决某村委会返还张某传 25600 元土地拆迁补偿款及利息（自起诉之日起按照同期全国银行间同业拆借中心公布的贷款利率计算至实际偿还之日止）。

法院认为：张某传诉称某产业园项目征用登记在其名下的土地，其中 25600 元的征用补偿费已经下发到某村委会，但该村委会以该部分土地承包经营权存在纠纷为由，扣留并拒绝支付该部分补偿费用，本案应查明的事实为某村委会扣留土地补偿费的做法有无事实及法律依据。因此，本案实际应为侵权责任纠纷。

据已查明事实可知，关于某产业园征用的 0.13 公顷土地，张某传已经与某村委会签订承包合同，并取得承包权证书，故张某传已取得涉案土地的承包经营权。因涉案土地已登记在张某传名下，该部分土地被征收，张某传作为土地承包经营权人有权获得相应的补偿。现涉案土地的补偿费已经下发到某村委会处，张某传诉请该村委会发放全部补偿费用，有理有据，法院予以支持。关于张某传主张的利息损失，经查证，某村委会应支付张某传相关补偿费用，却无正当理由拒不支付，这种做法给张某传造成经济损失，张某传主张自起诉之日起至实际支付之日止，按照同期全国银行间同业拆借中心公布的贷款利率计算利息损失，有理有据，法院予以支持。

法院判决被告昌乐县人民政府某街道办事处、某村委会于判决生效后 10 日内返还原告张某传土地拆迁补偿款 25600 元及利息（以 25600 元为基数，自 2021 年 11 月 29 日起至实际偿还之日止，按同期全国银行间同业拆借中心公布的贷款利率计算）。

案例评析：

1. 在我国，农村村民有权采取农村集体经济组织内部的家庭承包方式对农村土地进行承包经营。《中华人民共和国民法典》第三百三十三条规定："土地承包经营权自土地承包经营权合同生效时设立。登记机构应当向土地承包经营权人发放土地承包经营权证、林权证等证书，并登记造册，确认土地承包经营权。"本案中，张某传与某村委会签订《昌乐县农村土地承包合同》，且某村委会根据上述承包合同为张某传发放了《中华人民共和国农村土地承包权证书》，张某传已经合法取得涉案土地的承包经营权。政府因产业园工程需征收某村中涉及张某传承包经营的土地，根据《中华人民共和国民法典》第三百三十八条规定："承包地被征收的，土地承包经营权人有权依据本法第二百四十三条的规定获得相应补偿。"张某传作为土地承包经营权人有权获得相应的补偿。

2. 一般情况下，承包土地征收补偿款应由征收人及政府机关承担，但地方人民政府根据《中华人民共和国土地管理法实施条例》及《中华人民共和国村民委员会组织法》的相关规定，在实施集体土地征收时，常由征地实施部门将土地补偿费支付给被征地的农村集体经济组织，再由该集体经济组织讨论征地补偿费的使用和分配等问题。本案中，涉案土地的补偿费已经下发到某村委会，但某村委会却无正当理由拒不支付张某传部分补偿款。根据《中华人民共和国民法典》第二百四十三条第四款“任何组织或者个人不得贪污、挪用、私分、截留、拖欠征收补偿费等费用”的规定，某村委会无权截留和拖欠应当支付给张某传的补偿款。

因此，法院最终判决某村委会于判决生效后10日内返还张某传土地拆迁补偿款及利息于法有据。

四、农村宅基地证登记使用权人与实际使用人和房屋所有权人不一致的情况，拆迁补偿利益的权利如何归属?

基本案情

1989年8月，李某琴在其所在村出钱建造房屋。房屋建成后，李某琴父母与李某琴一直在此房居住。1998年11月20日，涉案房屋的集体土地建设用地使用证审批下来，土地使用者为李某花（李某琴姐姐）。

2016年12月5日，经过村民代表及组长签字认可，李某花名下集体土地建设用地使用证上的房屋、该集体土地建设用地使用证上的房屋及附属物归李某琴所有。李某琴与某区改造指挥部签署7-114号拆迁补偿安置协议。李某花认为该协议侵犯其合法权益，以郑州市某区人民政府为被告，李某琴为第三方，向郑州铁路运输中级人民法院提起诉讼，请求撤销该拆迁补偿安置协议。法院判决驳回李某花的诉讼请求。李某花不服一审法院判决，向河南省高级人民法院提起上诉。

河南省高级人民法院认为：涉案土地在1998年办证时，户名虽为李某花，但有充分证据证明涉案宅基地上的房屋为李某琴于1989年所建，且李某琴和其父母在涉案土地及房屋长期居住。在2016年某村拆迁改造过程中，某区政府经过村民代表及组长的签字认可，与房屋的建造使用人李某琴签订拆迁安置补偿协议并无不妥。因此，一审法院的判决认定事实清楚，适用法律正确，依法应予维持。

河南省高级人民法院判决结果：驳回上诉，维持一审判决。

案例评析：

1. 根据《中华人民共和国民法典》第二百四十三条第三款“征收组织、个人的房屋以及其他不动产，应当依法给予征收补偿，维护被征收人的合法权益；征收个人住宅的，还应当保障被征收人的居住条件”的规定，征收人在对不动产进行征收时，应当根据不动产的权属对权利人进行补偿，而在农村宅基地及地上房屋征收过程中，常会出现宅基地的使用权人与实际使用人和房屋所有权人不一致的情况，这就会给征收人的征收补偿工作带来难题。本案中，涉案宅基地的使用者虽然登记为李某花，但李某琴早在1989年8月就在涉案宅基地上建房并与其父母居住生活。李某琴在涉案宅基地上建房并居住生活，为涉案宅基地的实际使用人。在李某琴使用涉案宅基地期间，某村民委员会和李某花对此从未提出异议。涉案宅基地的使用证虽登记在李某花名下，但李某花并未持有涉案宅基地使用证的原件也非该地上房屋的建造及使用人。在某村拆迁改造过程中，因涉案宅基地的使用权人与实际使用人和房屋所有权人不一致，某区改造指挥部在了解李某琴和李某花对涉案宅基地的使用权存在争议的情况下，经过村民代表及组长的签字认可，确认该宅基地上的房屋及附属物归李某琴所有，并与其签订了拆迁补偿安置协议。某区政府在签订协议过程中已经尽到了审查义务，程序合法。故一审、二审法院均认为某区政府与李某琴签订拆迁补偿安置协议的证据确凿，适用法律、法规正确，符合法定程序。

2. 如果宅基地的登记使用权人与实际使用人对征收补偿利益发生争议，征收人在认定征收补偿对象时应当主要依据以下事实因素：（1）出资建造涉案房屋并长期居住；（2）持有集体土地建设用地使用证原件；（3）在当事人实际占有、使用宅基地期间，村民委员会及宅基地登记权利人均未对此提出过异议；（4）经村民代表及组长签字对宅基地上的房屋及附属物的权利归属进行确认。如果实际使用人符合上述事实，应当确定实际使用人为征收利益补偿主体。

五、村民在其宅基地获得拆迁安置补偿之外又继承其父母宅基地的安置补偿利益，是否违背“一户一宅”原则？

基本案情

时某强的父亲时某盈（已去世）持有郑州市人民政府颁布的宅基地使用证，据记载，其宅基地位于某村第四生产队。2013年10月30日，某拆迁指挥部与时某盈妻子王某荣签订了拆迁安置补偿协议，对王某荣进行了安置补偿。协议签订后，双方履行该协议，某拆迁指挥部支付了2013年10月31日起至2015年4月30日止的生活补偿费。之后某拆迁指挥部拒绝履行协议，停止发放剩余费用。王某荣于2014年8月去世。2016年4月29日，某拆迁指挥部分别以“安置人口有误”“王某荣不具备单独安置资格”为由，向时某强发出通知，要求其到原拆迁工作组办理相关手续。时某强未去办理相关手续。2018年，时某强以郑州市某区人民政府为被告向郑州铁路运输中级人民法院提起诉讼，请求判决郑州市某区人民政府履行与王某荣签订的拆迁安置补偿协议，并支付拖欠的相关费用214656元及利息。

郑州铁路运输中级人民法院对本案进行审理后认为，时某强母亲王某荣与某拆迁指挥部签订的拆迁安置补偿协议合法有效，郑州市某区人民政府应当继续履行该安置补偿协议，判决如下：1. 郑州市某区人民政府自一审判决生效之日起继续履行某拆迁指挥部于 2013 年 10 月 30 日与时某强母亲王某荣签订的《某村拆迁安置补偿协议书》；2. 郑州市某区人民政府自一审判决生效之日起向时某强支付自 2015 年 5 月至 2018 年 4 月的相关费用共计 214656 元。

郑州市某区人民政府不服一审判决，向河南省高级人民法院提起上诉，河南省高级人民法院审理后判决驳回郑州市某区人民政府的上诉请求，维持一审判决。

郑州市某区人民政府仍不服河南省高级人民法院的二审判决，向最高人民法院申请再审，请求最高人民法院依法撤销一审、二审判决，对本案再审，驳回时某强的全部诉讼请求，由时某强承担全部诉讼费用。

最高人民法院认为：在要求履行行政协议的案件中，法院可将行政协议作为主要证据进行审查。既要对行政协议的合法性进行审查，也要依据行政法中的信赖利益保护原则及诚实信用原则进行利益衡量。只有在行政协议存在重大、明显违反法律法规的强制性规定，损害国家利益、公共利益及他人合法权益时，相关条款才能被确认无效，不作为履行行政协议的依据，否则应当认可行政协议的效力。行政协议兼具行政性和合约性，对行政协议效力的审查，既要适用行政法律规范，也需在不违反行政法律规范的情况下适用民事法律规范。本案中，涉案安置补偿协议是郑州市某区人民政府在实施某村折迁改造过程中，与时某强母亲王某荣经过充分协商后，王某荣自愿签订的行政协议，是双方的真实意思表示，符合《中华人民共和国合同法》的有关规定。根据已查明的事实，时某强的母亲王某荣生前与某拆迁指挥部签订了安置协议，时某强继承其母亲的协议权益要求郑州市某区人民政府履行协议。虽然时某强曾与某拆迁指挥部签订了另一份安置协议，但另一份协议是基于时某强占有使用的另一处宅基地的事实而签订的，王某荣与时某强一家并不在同一户口中，郑州市某区人民政府提出王某荣与某拆迁指挥部签订的行政协议违背"一户一宅"的理由不能成立，该理由不足以认定涉案的行政协议存在无效情形。在涉案安置补偿协议的签订过程中，郑州市某区人民政府处于主导地位，应已了解涉案房屋及宅基地的情况和相关补偿规定，双方在协议中对涉案宅基地的实际使用面积已经进行了确认。郑州市某区人民政府仅通知时某强纠正签订的安置补偿协议，但未行使行政协议解除权，只履行了包括支付部分费用等协议约定的义务。如今郑州市某区人民政府以涉案协议违背"一户一宅""子女随父母不能单独为户"为由，在未对该协议依法做出处理的情况下单方停止支付剩余费用，违反了诚实信用原则，损害了行政相对人的信赖利益和协议约定的权益，原审法院判决郑州市某区人民政府继续履行协议约定的义务，并无不当。

最高人民法院判决结果：驳回郑州市某区人民政府的再审申请。

案例评析：

《中华人民共和国民法典》第三百六十二条“宅基地使用权人依法对集体所有的土地享有占有和使用的权利，有权依法利用该土地建造住宅及其附属设施”规定了农民对宅基地的占有和使用权。在我国，由于农村人口基数大，但土地资源有限，为有效保护资源，实现优化配置，《中华人民共和国民法典》第三百六十三条规定：“宅基地使用权的取得、行使和转让，适用土地管理的法律和国家有关规定。”依据《中华人民共和国土地管理法》第六十二条规定：“农村村民一户只能拥有一处宅基地，其宅基地的面积不得超过省、自治区、直辖市规定的标准。”即农村宅基地的取得必须遵循“一户一宅”的原则。

但是，农村宅基地的取得方式除了按照《中华人民共和国土地管理法》的规定申请批准取得外，还存在因买卖或继承宅基地上合法房屋而取得宅基地使用权的情况。本案中，时某强的母亲王某荣（已去世）生前与某拆迁指挥部对自己的宅基地及地上房屋签订了征收补偿安置协议，虽然时某强也曾与征收人签订了另一份关于宅基地征收补偿安置的协议，但因时某强的母亲王某荣已去世，对于王某荣生前与征收人签订的合法有效的征收补偿安置协议所确定的征收补偿权益，实际是一种财产性权利，是王某荣原始财产权益的一种转换形式，所以即使王某荣在该征收补偿安置协议尚未履行完毕前死亡，但其基于该征收补偿安置协议产生的财产权益不应因其死亡而消灭。根据《中华人民共和国民法典》第一千一百二十二条“遗产是自然人死亡时遗留的个人合法财产”；第一千一百二十条“国家保护自然人的继承权”；第一千一百二十一条“继承从被继承人死亡时开始”等规定，时某强作为王某荣的合法继承人，有权在王某荣死亡时继承该安置补偿权益，从而继续获得该份补偿利益，并不违背农村宅基地“一户一宅”的原则。

六、集体土地征收过程中征收人应当遵循“先补偿、后拆迁”原则进行征收，政府及相关部门作为征收人没有对集体土地上建筑物直接强制拆除的权力。

基本案情

2015年9月16日，于某桃（乙方）与某城中村改造办事处（甲方）签订《拆迁过渡协议》。该协议约定全村实行统一的城中村改造拆迁安置补偿标准，并对乙方的住房面积做了确认，约定了过渡费、搬迁费及奖励的金额，同时约定乙方应在2015年10月15日前签订协议并腾空房屋，交付房屋钥匙，由甲方实施拆迁。2015年10月2日，于某桃将房屋腾空并向某城中村改造办事处交付住房钥匙。2016年9月11日，某村村委会拆除了于某桃的房屋。于某桃不服拆除房屋的行为，于2016年10月17日将宝鸡市某区人民政府作为被告向陕西省宝鸡市中级人民法院提起行政诉讼，请求确认宝鸡市某区人民政府（以下简称某区政府）强拆其房屋的行为违法并承担本案的诉讼费用。

陕西省宝鸡市中级人民法院一审认为，某区政府拆除于某桃房屋是依据《拆迁过渡协议》实施的合法行为，判决驳回于某桃的诉讼请求。于某桃不服一审判决，向陕西省高级人民法院提起上诉。

陕西省高级人民法院二审认为：某村村委会组织实施强制拆除于某桃房屋的行为是代理某区政府实施的受委托行为，相应的法律后果应当由某区政府承担。某区政府既没有依法出具《责令交出土地决定》，也没有依法向人民法院申请强制执行，且在没有完成安置补偿工作的情况下，直接对于某桃的房屋实施了强制拆除行为，违反法律规定。

陕西省高级人民法院判决结果：撤销一审判决，确认某区政府强制拆除于某桃房屋的行为违法。

案例评析：

1. 行政机关在对土地和房屋征收的过程中，应当遵循“先补偿、后拆迁”原则，依法对被征收人进行安置补偿，根本目的在于保障被征收人在土地或房屋被征收后、获得安置补偿前的基本生活或生产经营条件。在被征收人已经依法得到安置补偿或者无正当理由拒绝接受安置补偿的情况下，行政机关若要实施强制搬迁和拆除，也必须按照法定程序向人民法院申请强制执行。在获得人民法院准许强制执行裁定前，行政机关没有直接强制拆除被征收房屋的权力。本案中，某区政府在于某桃腾空房屋并交付住房钥匙后实施拆除房屋的行为，表面上看似乎是依照协议的行为，也不违背于某桃的意愿，但实质上被征收人于某桃并没有获得实质性补偿。于某桃与某城中村改造办事处签订了《拆迁过渡协议》，仅对过渡费、搬迁费和奖励金额等进行约定，并未对于某桃进行实质性补偿安置。某区政府在此情况下拆除于某桃房屋的行为并不符合“先补偿、后拆迁”原则的立法精神，不利于全面保护被征收人切身利益。因此，法院认定某区政府是在没有完成安置补偿工作，又没有依法向人民法院申请强制执行的情况下，强制拆除了于某桃的房屋，明显违反法律规定。

2. 结合本案例可知，在我国无论是征收集体土地还是征收国有土地上的房屋，征收人均应在完成补偿安置工作，即被征收人获得安置补偿后实施征收。一般而言，被征收人获得安置补偿包含两种情况：一是征收机关与被征收人对安置补偿达成一致并签订安置补偿协议，征收机关开始按照安置补偿协议主动履行相关义务。《中华人民共和国民法典》第二百二十九条规定："因人民法院、仲裁机构的法律文书或者人民政府的征收决定等，导致物权设立、变更、转让或者消灭的，自法律文书或者征收决定等生效时发生效力。"政府征收作为物权变动的特殊形式，因政府的征收决定而直接导致物权变动，被征收人主动将土地或房屋交付征收机关处理，征收机关据此采取的拆除行为不属于强制拆除范畴，该拆除行为的合法性和正当性是基于被征收人认可安置补偿后的自愿对物权的处分行为。二是征收人与被征收人无法达成安置补偿协议，无论在任何情况下，在获得法院准许强制执行裁定前，行政机关都没有直接强制拆除被征收房屋的权力。征收机关应根据《中华人民共和国土地管理法实施条例》第三十一条"征收土地申请经依法批准后，县级以上地方人民政府应当自收到批准文件之日起十五个工作日内在拟征收土地所在的乡（镇）和村、村民小组范围内发布征收土地公告，公布征收范围、征收时间等具体工作安排，对个别未达成征地补偿安置协议的应当做出征地补偿安置决定，并依法组织实施"的规定，依据征地补偿安置方案依法对被征收人出具《征收补偿决定》，其中应当明确具体补偿项目和补偿金额，涉及产权置换的还应当明确安置地点和面积等；或根据《中华人民共和国土地管理法实施条例》第六十二条“违反土地管理法律、法规规定，阻挠国家建设征收土地的，由县级以上地方人民政府责令交出土地；拒不交出土地的，依法申请人民法院强制执行”的规定，由县级以上人民政府向被征收人出具《责令限期交出土地决定》，并在该决定书中一并将具体补偿方式、补偿项目和补偿金额等内容予以明确，然后再依法催办。但无论是《征收补偿决定》还是《责令限期交出土地决定》，被征收人均有权通过行政复议或行政诉讼的方式进行救济。在此救济期间，征收人也不能实施强拆行为。若被征收人既不提起复议或诉讼，也不履行搬迁、交出土地的行为，征收人才能向人民法院申请强制拆除房屋或交回土地的执行行为。

综上所述，若政府作为征收人不能按照上述程序对被征收人的房屋、土地进行拆除或收回，则属于违法。

七、土地征收过程中征收人违法强拆造成被征收人房屋等相关财产损失的，被征收人有权提起行政赔偿，征收人应参照土地征收补偿标准予以赔偿，且不低于合法征收拆除房屋给予被征收人的补偿。

基本案情

1995年9月，高某恩与长春市某公司签订了《日光温室承包协议书》，双方约定由高某恩在某村建造温室大棚及作业房。签订协议后，高某恩在该承包田上进行建设。2016 年 11 月 18 日，长春市某区管理委员会对高某恩在该处的建筑物及地上附属物进行了统计，并出具《被征收人地上物登记表》，确认其有两间房屋、两间仓房、两间温室、20 米院墙、一个大门、一口水井，52 平方米地面、一间厕所及若干棵树木。调查时，村委会的工作人员进行了见证，高某恩在《被征收人地上物登记表》签字确认。2017 年 4 月 19 日，长春市某区管理委员会下设的房屋拆迁办公室，以高某恩的房屋及地上附属物为违法建筑为由，实施了强制拆除行为。高某恩不服长春市某区管理委员会实施的强制拆除行为，以长春市某区管理委员会为被告向吉林省长春市中级人民法院提起诉讼，请求确认长春市某区管理委员会强制拆除行为违法。吉林省长春市中级人民法院于 2018 年 5 月 10 日做出“〔2018〕吉 01 行初 84 号”行政判决，确认长春市某区管理委员会对高某恩的房屋及地上附属物强制拆除行为违法。长春市某区管理委员会不服，向吉林省高级人民法院上诉。2018 年 8 月 16 日，吉林省高级人民法院做出“〔2018〕吉行终 292 号”行政判决，驳回长春市市某区管理委员会的上诉，维持原判。

此后，高某恩向长春市某区管理委员会申请行政赔偿。长春市某区管理委员会对高某恩的申请做出不予赔偿的决定。高某恩不服，又以长春市某区管理委员会为被告向吉林省长春市中级人民法院提起行政赔偿诉讼，请求判决被告赔偿原告强拆房屋、温室、树木、房屋地面、水井、自来水管道、电线杆、电线、自修道路、房屋装修、搬迁、维权、误工、贫困补助、葡萄树、柳树、租金等损失及诉讼费用。

法院认为，从庭审双方当事人的陈述及所举证据看，本案是因被告启动集体土地征收程序后，为加快征收进度，曲解《中华人民共和国土地管理法》《中华人民共和国城乡规划法》《中华人民共和国行政强制法》及其他相关法律、法规、规范性文件的相关规定，采取“以拆除违建促征收”的方式，对原告所有的温室等地上附着物及其他物品实施强制拆除行为而引发的行政赔偿案件。

被告实施的上述强制拆除行为已经被吉林省长春市中级人民法院“〔2018〕吉01行初84号”行政判决及吉林省高级人民法院“〔2018〕吉行终292号”行政判决确认违法。因此，被告应当赔偿其违法行为给原告造成的损失。

经法院庭审查明，原告、被告双方对被违法强制拆除的地上附着物的用途、种类、数量存在争议，对是否应当赔偿，双方各执一词。因此，本案需要被告结合相关证据，行使首次判断权，先做出赔偿决定。被告在做赔偿决定，确定赔偿项目和赔偿金额时，应结合被违法强制拆除地上附着物的建设时间、使用功能等及相关法律规定，来认定其用途；结合带有原告签字的《被征收人地上物登记表》及经公证的强制拆除现场录像等证据，来认定被违法强制拆除地上附着物、物品的种类、数量。被告应按照不低于被征收人依据补偿安置方案可以获得的征收补偿原则，结合自己的违法行为类型、情节轻重、双方过错程度，准确适用《中华人民共和国国家赔偿法》规定的赔偿方式、赔偿项目、赔偿标准，参照补偿安置方案规定的补偿方式、补偿项目、补偿标准，来赔偿因违法强制拆除给原告造成的地上附着物损失、物品损失及原告按照补偿安置方案应当获得的搬迁费、临时安置费、停产停业损失等。

吉林省长春市中级人民法院判决结果：被告长春市某区管理委员会于本判决生效后两个月内对原告高某恩做出赔偿决定。

案例评析：

1.《中华人民共和国民法典》第三条规定："民事主体的人身权利、财产权利以及其他合法权益受法律保护，任何组织或者个人不得侵犯。"从我国《民法典》立法过程来看，行政机关也包含在“任何组织和个人”之中。根据《中华人民共和国国家赔偿法》第三十六条第四项及第八项规定，侵犯公民、法人和其他组织的财产权造成损害，应当返还的财产灭失的，给付相应的赔偿金；对财产权造成损害的，原则上应当按照直接损失给予赔偿。

依据以上法律可知，行政机关作为征收人在征收过程中违法强制拆除给被征收人人身、财产造成损失的，被征收人有权向征收人提起行政赔偿申请或向人民法院提起行政赔偿诉请，征收人应当予以赔偿。

2. 根据《中华人民共和国民法典》第一千一百八十四条“侵害他人财产的，财产损失按照损失发生时的市场价格或者其他合理方式计算”的规定，并结合本案人民法院审理过程中确定的赔偿原则，在土地、房屋征收过程中，对征收人因强制拆除行为造成被征收人房屋等相关财产损失的，应当参照土地征收补偿标准予以行政赔偿，确保被征收人因强制拆除行为造成损失而获得的行政赔偿，不低于行政机关合法征收拆除房屋给予被征收人的征收补偿。

综上所述，征收人与被征收人未对征收补偿事宜达成一致，征收人在无法律授权、违反法定程序、超越法定职权的情况下强制拆除被征收人房屋的行为，经人民法院确认违法，被征收人即有权依法提起行政赔偿程序申请国家赔偿。我国法律为体现对征收人违法征收和违法拆除行为的惩戒，并有效维护被征收人的合法权益，规定赔偿不应低于因依法征收或拆迁所应得到的补偿，即使房屋已经因拆除而灭失，一般也不应低于赔偿时改建地段或者就近地段类似房屋的市场价值。这一做法符合《民法典》关于“损失发生时的市场价格或者其他合理方式”的规定及国家赔偿法关于“直接损失”补偿的基本原则，不违反法律规定，同时也能促使征收人按照法定程序合法征收，从而保护被征收人的合法权益。

第四部分

婚姻与继承

婚姻

一、三代以内的旁系血亲禁止结婚。

基本案情

被告刘某的母亲郑某金与原告郑某的父亲郑某银为姐弟关系，被告刘某与原告郑某为表兄妹关系，原告、被告双方隐瞒近亲关系，于2012年11月8日在四川省宜宾市婚姻登记处申领了结婚证，双方一起生活并生育两个子女，两个子女现在都已死亡。原告、被告现有共同财产：位于宜宾市某区某镇某村某组建筑面积约150平方米的三间房屋（被告刘某一直在此居住至今）；共同债务：45800元。原告郑某认为，其与被告刘某的婚姻属于近亲结婚，违背了法律禁止结婚的强制性条文规定，自始至终是无效的，要求法院宣告两人婚姻无效，同时对共同财产分割和共同债务承担提出了合理诉求。经审理，法院判决原告郑某与被告刘某的婚姻无效。

案件评析

本案属于婚姻无效纠纷。

1.《中华人民共和国民法典》第一千零四十八条规定“直系血亲或者三代以内的旁系血亲禁止结婚”；第一千零五十一条规定“有下列情形之一的，婚姻无效……（二）有禁止结婚的亲属关系……”本案中，被告刘某与原告郑某为表兄妹关系，属三代以内旁系血亲，两人的婚姻关系因违反法律禁止性规定，属无效婚姻。

2.《中华人民共和国民法典》第一千零五十四条规定：“婚姻无效或者被撤销的，无过错方有权请求损害赔偿。”《中华人民共和国民法典》增加了无效婚姻中无过错方请求损害赔偿的权利。在法律中，婚姻中的无过错方将获得更多保护。

二、双方（或一方）有重大疾病的婚姻为可撤销婚姻。

基本案情

原告蔡某和被告张某经人介绍相识，二人于同年登记结婚。被告及其家属婚前未告知原告被告患有重度抑郁症，婚后仍未如实对原告讲述病情。在共同生活期间，被告多次在社交软件上辱骂原告及其家人，且行为怪异，并多次离家出走。经询问张某的亲戚、朋友、邻居并结合医院诊断结果，原告蔡某才知道被告真实的病情。原告认为，抑郁症精神疾病属于医学规定的重大疾病，不应准予结婚。被告隐瞒病情而结婚的行为，对原告造成了巨大伤害。法院审理后，判决撤销原告蔡某与被告张某的婚姻关系。

案件评析

本案属于撤销婚姻纠纷。

1. 根据《中华人民共和国民法典》第一千零五十三条规定："一方患有重大疾病的，应当在结婚登记前如实告知另一方；不如实告知的，另一方可以向人民法院请求撤销婚姻。"本案中，被告张某因精神疾病被诊断为"狂躁症"，在与蔡某结婚登记前多次住院治疗，并无痊愈的迹象，张某未尽"如实告知"的义务，影响了蔡某与其结婚的决定，且其在婚后的疾病状态影响了正常的家庭生活，故对原告蔡某要求撤销与张某的婚姻关系的诉讼请求，法院予以支持。

2. 原《中华人民共和国婚姻法》（已废止）第七条将"患有医学上认为不应当结婚的疾病"规定为禁止结婚的情形。在《民法典》实施后，患有医学上认为不应当结婚的疾病不再属于禁止结婚的情况，而规定了一方在婚前患有重大疾病未如实告知时，另一方享有撤销权。疾病范围由"医学上认为不应当结婚的疾病"变更为"重大疾病"。在司法实践中，法律工作者一般会结合《中华人民共和国母婴保健法》《中华人民共和国传染病防治法》《中华人民共和国精神卫生法》等相关法律对"重大疾病"进行判断：严重遗传性疾病、特殊传染病、相关精神疾病等一般属于重大疾病范畴。

3.《中华人民共和国民法典》第一千零五十三条规定："请求撤销婚姻的，应当自知道或者应当知道撤销事由之日起一年内提出。"婚前重大疾病告知义务的规定有效保障了配偶对于婚前重大疾病的知情权，但撤销权的行使要在知道事实的一年内提出。

三、双方未进行结婚登记已生子，被告返还部分彩礼。（江苏省法院及妇女联合会发布 2020 年度江苏婚姻家庭典型案例）

基本案情

唐某（男）与张某（女）于 2016 年 1 月经人介绍相识，六天后双方订立婚约，两人在当月即举办婚宴并开始共同生活，同年年底生育一子。2017 年 3 月，双方开始分居。在此期间，唐家给张家彩礼 82.6 万元，还办了 18 桌婚宴酒席；张家则以木质家具（价值 19.8 万元）、床上用品等物品作为陪嫁。因当时双方已调解无望，唐某及其父母以借债支付彩礼为由，起诉张某及其父母，要求返还彩礼 82.6 万元。

法院认为，综合考虑唐某与张某共同生活的时间、已生育一子的事实、彩礼的数额及使用情况、双方的经济状况等因素，判定张家向唐家返还彩礼 33.04 万元。张家以返还彩礼金额过高、陪嫁物品未予分割为由，提起上诉。江苏省苏州市中级人民法院在二审审理过程中了解到当地早婚、闪婚的陪嫁物品“忌由女方取回”的风俗，以及孩子由张某抚养的事实，综合考虑将张家陪嫁物品折抵、唐某应支付一定抚养费等因素，对双方进行调解。经调解，双方同意由张家向唐家返还彩礼 18 万元。

案件评析

本案属于返还彩礼纠纷。

1. 彩礼是中国几千年来的婚嫁习俗。彩礼的数额，随当地情况、当事人的经济状况等因素而定。近年来，随着生活水平的提高和居民收入的增加，彩礼的数额也不断增加，小到金银首饰，大到汽车、住房、股票等。由于彩礼价值增大，男女双方因婚后感情不和及其他原因而解除婚约引发的彩礼返还纠纷也日益增多。

2.《中华人民共和国民法典》第一千零四十二条规定“禁止包办、买卖婚姻和其他干涉婚姻自由的行为。禁止借婚姻索取财物”，但不禁止彩礼。《最高人民法院关于适用〈中华人民共和国民法典〉婚姻家庭编的解释（一）》第五条规定：“当事人请求返还按照习俗给付的彩礼的，如果查明属于以下情形，人民法院应当予以支持：（一）双方未办理结婚登记手续；（二）双方办理结婚登记手续但确未共同生活；（三）婚前给付并导致给付人生活困难。适用前款第二项、第三项的规定，应当以双方离婚为条件。”依据法律和司法解释精神，如未办理结婚登记，原则上应返还彩礼，但具体返还数额应根据双方共同生活的时间、彩礼金额、有无生育子女、财产使用情况、双方经济状况及当地风俗等因素综合考虑。

四、婚姻关系存续期间夫妻共同财产的分割。

基本案情

张某、徐某于1984年9月15日办理结婚登记。2018年6月，双方因故分居。同年7月，张某起诉离婚，因徐某不同意离婚，法院判决驳回张某要求离婚的申请。

张某身患癌症，享有“大病医保”，目前已在治疗中。位于上海市某路某号的房屋（以下简称“所争房屋”）为张某、徐某于1997年婚姻关系存续期间取得，承租人为张某，后变更为徐某。徐某在该处经营一家“五金店”，该房屋于2017年被征收。2017年9月3日，徐某与上海市黄浦区住房保障和房屋管理局及房屋征收实施单位签订《上海市国有土地上房屋征收补偿协议》，协议约定徐某可获得拆迁补偿款约600万元。2018年，徐某两次领取房屋被征收补偿款共计190万元。2019年春节前，徐某给予张某1万元。张某起诉要求分割房屋拆迁补偿款。

法院一审认为，夫妻有互相帮扶的义务。本案中，张某身患重病，需积极治疗，否则会危及生命。张某虽享有“大病医保”，每月有养老金，但不足以维持正常的就诊、补充营养及生活开支。徐某在领取190万元的拆迁款后仅给张某1万元，无法维持张某正常的就诊、生活开支等。徐某的行为符合《最高人民法院关于适用〈中华人民共和国婚姻法〉若干问题的解释（三）》[①]（已废止）规定的“婚姻关系存续期间，一方负有法定扶养义务的人患重大疾病需要医治，另一方不同意支付相关医疗费用”的情形。除法律规定外，夫妻在婚姻关系存续期间所得的财产归夫妻共同所有。故张某要求分割“所争房屋”拆迁补偿款的请求，法院予以支持。

法院二审认为，关于本案中张某要求分割的“所争房屋”拆迁款是否属于夫妻共同财产的问题，可结合“所争房屋”的来源、取得时间、拆迁时间等因素判断。本案中，“所争房屋”是在张某与徐某夫妻关系存续期间取得，且徐某所称的“所争房屋”非居住因素所对应的营业执照也产生于夫妻关系存续期间。因此，法院将“所争房屋”所有拆迁款均视为夫妻共同财产予以分割，并无不妥。原则上，夫妻关系存续期间，夫妻对共同财产应享有平等的处理权。然而，本案中，张某身患癌症多年，徐某对张某需要化疗治疗、营养支持的情况非常清楚，但徐某在已经领取部分拆迁款的情况下，经张某多次讨要，徐某仅给张

① 因本案例法院的判决时间为2019年，当时《最高人民法院关于适用〈中华人民共和国婚姻法〉若干问题的解释（三）》仍为有效司法解释，能够作为人民法院判决的依据。

某1万元，远不足以支撑张某的日常生活，特别是疾病治疗所需费用，这种行为已严重损害了张某对拆迁款的处理权。徐某辩称，若张某回到其居处，双方共同生活，其完全可以负责照料张某并支付治疗费。对此，法院认为，双方夫妻感情出现危机，此案之前张某曾向法院起诉要求离婚，其中的原因可能不限于本案所涉及的分歧、纠纷，但既然徐某已经明确表达了不愿意离婚的意思，也有双方继续共同生活的意愿，就更应当尊重张某对夫妻共同财产的处理意愿，特别是在张某需要钱用于重大疾病治疗的情况下，还将拆迁款完全把控并视为双方恢复夫妻感情的砝码，这将对夫妻感情造成更深的伤害。

本案中，张某本人身患疾病，并非严格属于原《最高人民法院关于适用〈中华人民共和国婚姻法〉若干问题的解释（三）》规定的“一方负有法定扶养义务的人患有重大疾病需要医治，另一方不同意支付相关医疗费用”的情形，但按照一般法理，张某本人身患重大疾病，而其与徐某在夫妻关系存续期间取得一笔方便分割的巨额款项，在徐某的行为已严重剥夺了张某对拆迁款平等处理权的情况下，本案理应赋予其要求分割该笔夫妻共同财产的权利。此外，徐某对于其已经领取的190万元拆迁款的去向，前后陈述不一致，且存在诸多不合常理之处，其行为也符合

"一方有隐藏、转移、变卖、毁损、挥霍夫妻共同财产"等严重损害夫妻共同财产利益的情形。因此，法院对"所争房屋"折迁款予以分割，并无不妥。

案件评析

本案属于婚姻家庭纠纷。

1.《中华人民共和国民法典》第一千零六十六条规定："婚姻关系存续期间，有下列情形之一的，夫妻一方可以向人民法院请求分割共同财产：（一）一方有隐藏、转移、变卖、毁损、挥霍夫妻共同财产或者伪造夫妻共同债务等严重损害夫妻共同财产利益的行为；（二）一方负有法定扶养义务的人患重大疾病需要医治，另一方不同意支付相关医疗费用。"本条规定了婚姻关系存续期间，夫妻一方可以请求分割夫妻财产的两种重大理由，赋予了夫妻"婚内析产"的权利。

2.《中华人民共和国民法典》第一千零六十六条第二项指出"一方负有法定扶养义务的人"是指夫妻一方在法律上负有抚养、扶养、赡养义务的人，比如一方的父母或者婚前所生子女患重大疾病需要治疗，配偶一方不同意支付相关医疗费用的，一方可以请求在不解除婚姻关系的前提下分割夫妻共同财产。配偶本人患有重大疾病需要治疗而另一方不同意支付相关医疗费的情形，正如本案中法院二审所认定的并非严格属于上述规定的“一方负有法定扶养义务的人患有重大疾病需要医治，另一方不同意支付相关医疗费用”的情形，但本案中徐某的行为已严重剥夺了张某对拆迁款的平等处理权，且徐某存在“一方有隐藏、转移、变卖、毁损、挥霍夫妻共同财产”等严重损害夫妻共同财产利益的情形，经综合考虑，法院做出了合理判决。

继承

五、家庭承包方式的农村土地承包经营权不属于公民死亡时遗留的个人合法财产，不能继承。

基本案情

被告（王某侠）、原告（王某财）为姐弟关系，1998年二人所在村进行土地承包时，原告和父亲王某臣依法取得1公顷土地的承包经营权。王某臣于2001年12月去世，2003年1月18日，王某臣的女儿王某侠与大儿子王某志、小儿子王某财签订《协议书》，协议中对王某臣的遗产进行分割，约定王某财和王某志继承财物，财物价值1万元，每人继承0.5万元，王某侠继承0.5公顷土地的承包经营权。2017年12月13日当地县人民政府颁发“黑龙江2017某县农村土地承包经营权第020755号中华人民共和国农村土地承包经营权”证书，将王某侠继承的0.5公顷土地承包经营权确权至王某财名下。王某财的农村土地承包经营权证书上载明："发包方某镇某村民委员会，承包方代表王某财，承包方家庭成员情况王某财、王某臣（去世），承包期限为1998年1月1日至2027年12月31日，承包地总面积1公顷"。因王某侠继承的0.5公顷土地确认权属在王某财名下，故原告王某财起诉至法院，要求被告王某侠返还0.5公顷土地的承包经营权，并要求支付2003年至2020年的土地承包费1万元，2005年至2020年国家给予土地补贴款0.3万元，合计1.3万元。

法院查明：2017年当地人民政府颁发的《农村土地承包经营权证》是按照1998年的土地承包经营合同颁发。1998年第098号土地承包合同书上载明：土地发包方为某村，土地承包方为王某臣，家庭人口2人，劳动力2个，承包耕地面积为1公顷，承包期限自1998年1月1日至2027年12月31日止。颁发土地承包经营权证时，因王某臣已去世，王某财在王某臣户籍上，故将户主改为王某财。

法院认为，本案的争议焦点是家庭承包方式的农村土地承包经营权是否可以继承。根据《中华人民共和国农村土地承包法》（以下简称《农村土地承包法》）第三条第二款的规定，农村土地承包采取农村集体经济组织内部的家庭承包方式，不宜采取家庭承包方式的荒山、荒沟、荒丘、荒滩等农村土地，可以采取招标、拍卖、公开协商等方式承包。因此，我国农村土地承包经营权分为家庭承包和以其他方式承包两种类型。以家庭承包方式实行农村土地承包经营，主要目的在于为农村集体经济组织的每一位成员提供基本的生活保障。根据《农村土地承包法》第十六条的规定，家庭承包的承包方是本集体经济组织的农户。这种承包方式的本质特征是以本集体经济组织内部的农户家庭为单位实行农村土地承包经营，因此这种形式的农村土地承包经营权只能属于农户家庭，而不能属于某一个家庭成员。根据《中华人民共和国继承法》(已废止，以下简称《继承法》)第三条规定，遗产是公民死亡时遗留的个人合法财产。农村土地承包经营权不属于个人财产，故不产生继承问题。承包土地的农户家庭中一人或几人死亡，承包经营权仍然是以户为单位，承包地仍由该农户的其他家庭成员继续承包经营，不产生承包土地经营权继承的问题。若承包经营农户家庭成员全部死亡，由于承包经营权的取得是以集体成员为基础，该土地承包经营权归于消灭，土地应归农村集体经济组织，由其另行分配，不能由该农户家庭成员的继承人继续承包经营；否则，将对集体经济组织其他成员的权益造成损害，对农村土地的社会保障功能产生消极影响。

本案中，原告诉讼提出的 0.5 公顷土地承包经营权属于王某臣，是以家庭承包方式取得的土地承包。因此，王某臣死亡后，该土地应由同一合同中的原告王某财继续经营，不能将该土地的经营权视为王某臣的遗产处理。王某财与王某志、王某侠签订的协议书，是将王某臣的 0.5 公顷土地的承包经营权作为遗产处理，已违背法律规定，该协议中关于 0.5 公顷土地承包经营权的继承约定为无效行为，故被告王某侠不具备继承其父去世后遗留土地承包经营权而继续承包的法定条件。同时，2017 年 12 月 13 日当地人民政府颁发的土地承包经营权证书，将王某侠"继承"的 0.5 公顷土地承包经营权确认所有权至王某财名下。故原告要求被告返还诉争土地承包经营权的诉讼请求，法院予以支持。原告要求被告付 2003 年至 2020 年土地承包费 1 万元及 2005 年至 2020 年国家给予土地补贴款 0.3 万元，因原告未向本院提交相关证据证明承包费及补贴款的数额，故法院不予以支持。法院最终判决：王某侠于本判决生效后 10 日内将王某臣的 0.5 公顷土地交于王某财承包经营。

案件评析

本案属于土地承包经营权继承纠纷。

1. 土地承包经营权是指土地承包经营权者为从事种植业、林业、畜牧业等，对其承包的集体所有或者国家所有由农民集体使用的土地所享有的占有、使用和收益的权利。土地承包经营权是我国民法物权法律制度中特有的概念，是我国农村集体经济组织实行土地承包责任制的产物。土地承包经营权在我国《民法通则》中已有相关规定，但规定比较简单，并且未明确规定土地承包经营权是一种物权。2002 年出台的《中华人民共和国农村土地承包法》（以下简称《农村土地承包法》）虽然将土地承包经营权规定为一种物权，但未明确规定土地承包经营权具有物权的属性。2007 年施行的《中华人民共和国物权法》首次以民事立法形式明确将“土地承包经营权”规定为一种用益物权。2021 年 1 月 1 日生效的《民法典》将土地承包经营权编入《民法典》“物权编”。

2. 依照《民法典》《农村土地承包法》的规定，农村集体土地的承包经营方式分为家庭承包和其他方式的承包，作为用益物权的土地承包经营权也通过这两种方式取得。

家庭承包是指人人有份的承包，即“均田制承包”，每个集体经济组织成员，不论男女老幼，均有承包经营所在集体经济组织土地的权利。以家庭承包方式取得的土地承包经营权的设立依据是土地承包经营权合同，即土地承包经营权自土地承包经营权合同生效时设立，并不以登记机构的登记作为该项用益物权取得的依据。

3. 以家庭承包方式取得的土地承包经营权，是以集体成员权为基础，即承包方限于本集体经济组织成员。虽然家庭承包秉持人人有份分配承包地的原则，但是要按户组成一个农业生产经营单位，即家庭农户是承包地的承包方或者土地承包经营权人，每个个体农户家庭成员，不是独立的土地承包经营权人（只有一人的农户家庭除外）。以家庭承包方式承包经营的农村土地，主要是指耕地和草地。

4. 以家庭为单位承包本集体所有的耕地、草地，在承包期内，若仅是个别家庭成员死亡，特别是与村民委员会订立合同的户主死亡，而其他家庭成员仍健在，表明承包方仍存在，此时土地承包经营权合同继续有效，健在的家庭成员仍有权对承包地继续承包经营。所承包土地不是死者的遗产，不存在继承的问题。

承包经营集体土地的家庭农户成员全部死亡的，其家庭承包权责消亡，此时原承包集体所有的承包地不是死者的遗产，不论承包人是否留有遗嘱或者与他人签订遗赠协议，均不允许其他人继承承包经营权，承包地应由村民委员会收回。即使死者生前留有遗嘱或者与他人签订了遗赠协议，也是无效的。

六、打印遗嘱的效力是否有效?

基本案情

李某华、孙某香夫妇生前共养育有四名子女，大儿子李某二、小儿子李某三、大女儿李某四、小女儿李某一。李某华于2017年10月28日死亡，孙某香于2019年8月8日死亡。原告李某一起诉称，母亲孙某香生前留有遗嘱，该遗嘱内容表明，将位于辽宁省阜新市彰武县某乡某村登记在李某华（原告、被告父亲）名下的三间房屋归李某一所有。庭审中，原告李某一提供孙某香于2019年5月22日所立遗嘱一份。遗嘱内容为：孙某香年事已高，体弱多病，现趁着神志清楚，避免以后子女因财产产生纠纷，孙某香于2019年5月22日在李某一家特立此遗嘱，将李某华、孙某香所有财产包括位于彰武县的房屋及院落内物品、院落外榆树、吉利牌小型轿车一辆均由李某一继承。遗嘱落款为遗嘱人孙某香的签名并加盖了手印，且有见证人赵某、黄某、刘某的签字。

被告李某二、李某三辩称：原告李某一提供的遗嘱不是孙某香的签字，该遗嘱无效。此案涉及房屋为1991年建造的，该房屋的所建场地是我们家的，并且我们在建设房屋中均出力，应先将我们的份额扣除。我们对父亲尽了主要赡养义务，请求法院判决我们应继承房屋的二分之一。

法院认为，本案中，双方当事人的争议焦点有二：一是涉案房产的权属，是李某华、孙某香夫妻的共同财产，还是李某华、孙某香与李某二、李某三的共同财产；二是孙某香的“打印遗嘱”是否有效。第一，关于涉案房产的权属情况。李某二、李某三认为诉争房屋的所在场地是李某二、李某三的，李某二、李某三在建设房屋中出力，应有份额，但其未提供相关证据，且此案涉及房屋产权权利人登记为李某华，房屋共用人并未登记李某二、李某三。第二，孙某香的“打印遗嘱”证据形式符合法律规定，该遗嘱真实、合法，本院予以确认。遗产是公民死亡时遗留的个人合法财产。继承行为开始后，继承人按照法定继承办理：有遗嘱的，按照遗嘱继承或者遗赠办理；有遗赠扶养协议的，按照协议办理。本案中，涉案房屋为李某华、孙某香的夫妻共同财产，孙某香去世前留有合法、有效的遗嘱，故对于涉案房屋其子女应按照遗嘱予以继承。据此，法院判决：被继承人李某华名下位于彰武县的房屋及院落内物品、院外榆树、吉利牌小型轿车一辆由李某一继承所有。

案件评析

本案属于遗嘱继承纠纷。

1.《中华人民共和国民法典》第一千一百三十六条明确规定："打印遗嘱应当有两个以上见证人在场见证。遗嘱人和见证人应当在遗嘱每一页签名，注明年、月、日。"打印遗嘱作为新的遗嘱形式明确纳入现行法律中。

2.《中华人民共和国民法典》出台后，打印遗嘱的形式要素为：（1）有两个以上见证人在场见证；（2）遗嘱人和见证人应当在遗嘱每一页签名，注明年、月、日。

当然，打印遗嘱要合法有效，除了满足以上形式的要素外，还需要符合其他的一些法律规定：

第一，遗嘱人在立遗嘱时必须是完全民事行为能力人。遗嘱人应当在身体健康、意识清晰时立下遗嘱。无民事行为能力人或者限制民事行为能力人所立的遗嘱无效。

第二，遗嘱必须是遗嘱人的真实意思表示。受欺诈、胁迫所立的遗嘱无效；伪造的遗嘱无效；遗嘱被篡改的，篡改的内容无效。

第三，遗嘱所处分的财产，必须是遗嘱人个人所有的财产。遗嘱人以遗嘱形式处分了属于国家、集体或他人的所有财产，遗嘱中的这部分应认定无效。

第四，遗嘱应当为缺乏劳动能力又没有生活来源的继承人保留必要的遗产份额。

第五部分

涉农服务合同

一、买卖合同双方应当履行各自的义务，若一方违约，守约方要求违约方履行合同的，法院予以支持。

基本案情

2020年3月27日，被告李某在原告的农机公司购买了一套导航设备，并向原告出具《合同》，《合同》内容为：2020年3月27日李某向某农机公司购买一套导航设备，货款共计3.3万元，于2020年3月30日支付货款1.8万元，在2020年11月20日前支付货款1.5万元。如未按期支付货款，自愿以所欠货款全部金额按银行同期贷款利率的1.5倍计算利息。从2020年3月27日开始计算利息至实际支付之日。2020年3月30日，某农机公司将导航交付李某。之后某农机公司多次要求李某支付货款，李某至今未支付货款。2020年期间，某农机公司要求李某提供身份信息办理农机补贴，李某也未配合，1.5万元的导航补贴至今未能办理。原告某农机公司起诉李某，请求法院判决被告李某支付购买导航货款3.3万元；支付逾期利息2796元。庭审中，被告李某辩称原告出售的导航不能正常使用，要求某农机公司退货并解除合同。

法院认为：当事人应按照约定全面履行自己的义务；买受人应按照约定的时间和数额支付货款。被告李某购买导航设备后，至今未支付货款3.3万元的事实清楚，有《合同》为证，法院予以确认。原告与被告在《合同》中对于未按期支付货款应支付利息的利率及期限也有明确约定，被告未按期支付货款已构成违约，原告主张被告李某支付货款逾期利息符合法律规定，按照贷款的市场报价利率上浮 50% 计算逾期利息，但超出部分法院不予支持。

法院判决：被告李某于判决生效后 10 日内支付原告某农机公司货款 3.3 万元以及货款逾期利息 2244 元。

案件评析

本案属于买卖合同纠纷。

（一）合同双方应如约履行各自的义务，违约一方应承担继续履行协议和赔偿损失的责任。

1.《中华人民共和国民法典》第五百零九条第一款规定“当事人应当按照约定全面履行自己的义务”，第五百九十五条规定“买卖合同是出卖人转移标的物的所有权于买受人，买受人支付价款的合同”。本案中，被告向原告购买导航后，应按约支付货款。

2.《中华人民共和国民法典》第五百七十七条规定：“当事人一方不履行合同义务或者履行合同义务不符合约定的，应当承担继续履行、采取补救措施或者赔偿损失等违约责任。”被告未付款的行为构成违约，应承担违约责任，故法院支持原告要求被告支付未付货款及相关利息的主张。

（二）诉讼中，被告提出的请求（抗辩）应有相应的证据佐证。

本案中，如被告认为涉案产品存在质量问题，应提供产品存在质量问题的证据，并应依照《中华人民共和国民法典》第六百一十七条“出卖人交付的标的物不符合质量要求的，买受人可以依据本法第五百八十二条至第五百八十四条的规定请求承担违约责任”以及《中华人民共和国民事诉讼法》第五十四条“被告可以承认或者反驳诉讼请求，有权提起反诉”的规定，提起反诉[①]。

同时，依据《最高人民法院关于民事诉讼证据的若干规定（2019）》第一条“原告向人民法院起诉或者被告提出反诉，应当提供符合起诉条件的相应的证据”的规定，被告应对其主张的“产品质量存在问题”提供相应证据，在无任何证据支持的情况下，法院无论是程序上还是事实上都不能支持李某的抗辩。

---

① 反诉是指对本诉提出的概念，在已经开始的诉讼程序中，本诉的被告通过法院向本诉的原告提出的一种独立的反请求。反诉的原告就是本诉的被告，被告提起反诉，目的在于抵消或者吞并原告所提起之诉请，使原告败诉。反诉必须与本诉为同一诉讼程序，而且被告提起的诉讼与原告提起的诉讼，是互为相反的诉讼，联系密切。因此反诉可以与原诉合并审理。

（三）本案中，我们注意到：消费者购买商品时，要通过正规渠道购买，并保留好购买合同或相关单据，保留好证据。对于不符合质量要求的产品，消费者应第一时间向卖家或厂家反馈，并要求其按照产品“三包”要求提供服务，与卖家或厂家不能达成一致意见时，应及时向市场监督部门投诉或者提起民事诉讼进行索赔；若在卖家诉求支付商品货款的诉讼中保护自身权利的，也应通过相应民事诉讼程序进行抗辩。

二、一方未支付货款、报酬、租金、利息或者不履行其他金钱债务的，对方可以要求其支付。

基本案情

2016 年至 2017 年期间，原告雷某在被告梅某的承包地里进行播种、运输棉花、粉碎废品等农机作业劳动。原告多次向被告索要劳动报酬未果，于是诉至法院，要求被告支付原告相关费用及利息。

庭审中，原告提供了被告向原告出具的两张欠条和被告所欠费用的账单，被告对原告提供账单中的部分播种费、运输费认可。原告主张粉碎废品费用，被告不认可。

法院认定，本案中，原告为被告提供农机作业服务，被告应支付其费用，双方已形成事实上的农机作业服务合同法律关系，双方均应按约定履行义务。现原告提供服务完毕，被告应按照交易习惯支付原告相应费用。法院对原告主张的欠条所示金额及被告自认的部分费用请求予以支持。原告主张的粉碎废品的费用，因证据不够充分，故原告应承担“无法举证”的不利后果。法院对于原告主张的粉碎废品的费用请求不予支持。同时，法院对被告确认的欠款利息予以支持，对原告关于粉碎废品的费用部分的利息损失不予支持。

法院判决：被告梅某于判决生效后10日内支付原告雷某双方认可的费用及赔偿原告该费用的利息损失。

案件评析

本案属于农机作业服务合同纠纷。

1.《中华人民共和国民法典》第五百七十九条规定：“当事人一方未支付价款、报酬、租金、利息，或者不履行其他金钱债务的，对方可以请求其支付。”本案中，原告提供的农机作业服务完毕，被告应支付相应的费用。

2.《中华人民共和国民事诉讼法》第六十七条规定：“当事人对自己提出的主张，有责任提供证据。”根据此规定，当事人在民事诉讼中对自己所主张的事实，有提供证据加以证明的责任，即“谁主张，谁举证”，这就是《中华人民共和国民事诉讼法》规定的一般举证规则。因此，本案中，作为主张农机作业服务费用的原告应向法院提供被告所欠相关费用的证据，比如原告提供的被告出具的欠条。而原告主张的粉碎废品的相关费用，其向法院提供的是自己手写的账单，属于单方证据，在被告予以否认且原告无法提供其他证据的情况下，该证据法院不予采纳。

3. 合同是对双方行为“责、权、利”的约定，合同的形式可以是书面形式，也可以是口头形式。本案中虽然双方没有签订书面合同，但根据原告为被告提供农机作业服务的行为及被告给原告出具的欠条及认可的行为来看，原告、被告之间存在事实上的服务合同关系。日常生活中，对于存在大笔金额交易的行为，双方最好先签书面合同，避免在履行过程中发生争议而无依据；没有事先签书面合同，对于交易过程中反映双方履约情况的证据也应予以保留；如果没有保留相关证据，也应及时要求对方以书面形式进行确认。若上述三点都无法做到的话，就会出现本案中原告与被告对于合同履行争议的情形，最终也是由举证不利的一方承担败诉的后果。

三、当事人一方违约后，对方应当采取适当措施防止损失的扩大；当事人一方违约造成对方损失，对方对损失的发生有过错的，可以减少相应的损失赔偿金额。

基本案情

2015 年 6 月 10 日，原告贾某与被告某公司签订了一份“服务协议”，合同约定将原告承包的甜瓜地喷洒农药的田间作业包给被告，被告口头承诺两天后使用“无人机”到场地作业。原告向被告支付预付款1400元。2015年6月17日，被告的无人机在喷洒了两箱农药后就出现故障无法工作。当时，被告称只需两三天就可以修好，让原告等待。后经原告多次催问，五六天后被告才确切地告诉原告该无人机需要更换配件，让原告自己想办法解决喷药的问题，因原告的甜瓜地事先未预留人工喷药的通道，原告只好联系了另一家公司对甜瓜地进行“无人机”农田喷药作业。2015年6月23日，经原告要求，马某代表被告公司为原告出具了一份“如补救不成，由其承担全部责任”的证明。2015年7月13日，原告委托当地的农林牧司法鉴定中心对“被告没有及时喷农药，导致原告2015年种植的甜瓜发生大面积虫害而造成的经济损失”进行了司法鉴定。经鉴定，贾某经济损失约为244800元。此后，原告多次向被告催要赔偿款均遭拒绝。故原告诉至法院，请求被告赔偿其经济损失244800元，承担鉴定费8000元并退还其预付款1400元。

被告某公司认为，2015年6月17日，被告的无人机在为原告的甜瓜地喷洒了两箱农药后，发生故障，无法继续工作。该无人机经检查确定要进行维修，配件需从外地购买，需要十几天的时间。为使原告种植的甜瓜正常防虫，被告于6月19日下午便将无人机的情况告知原告，并建议原告立即转为人工打药，由被告来承担人工打药的费用，且向其退还预付款，但此建议遭到了原告的拒绝。6月20日，原告的甜瓜尚未出现病虫害，为防止双方发生纠纷，被告进一步与原告协商，提示原告积极采取补救措施，但仍被原告拒绝。原告在6月19日明知被告因客观原因无法继续履行合同约定的喷药义务的情况下，就应在甜瓜未出现病虫害时，积极采取适当的措施防止损失扩大。原告在能够控制甜瓜的防虫时间以及明知双方的合同无法继续履行的情况下，仍拒绝在合理时间及范围内采取相应措施进行防虫，导致甜瓜出现病虫害的经济损失，应由其自己承担。

法院认为，因被告已喷洒了两箱农药，履行了部分义务，故对原告要求被告退还预付款的诉讼请求不予支持。关于原告诉称被告延迟喷药给其造成损失的问题，法院根据被告2015年6月23日向原告出具的证明可以明确被告存在延迟喷药给原告造成损失的事实，被告应按照该证明承诺在原告的甜瓜出现损失的情况下承担赔偿责任。至于原告损失如何确定的问题，因发生病虫害的甜瓜已不存在，现场不能复原，本案已无法通过司法鉴定确定原告的具体损失。事发后，原告单方委托专业机构和人员经现场勘验出具的鉴定意见可视为损失确定的参考。法院结合原告委托鉴定机构出具的鉴定意见、原告不能补救的范围以及被告已喷洒部分农药的事实，认定原告的损失为122400元。故法院判决被告某公司在判决生效之日起10日内赔偿原告贾某经济损失122400元；驳回原告贾某的其他诉讼请求。

案件评析

本案属于农机作业服务合同纠纷。

1. 依法成立的合同，受法律保护，双方当事人应按照约定履行自己的义务。一方当事人违约，造成对方损失的，应赔偿损失，但守约方应提供证据证明违约方因违约给其造成损失的事实以及损失金额。

2. 关于损失赔偿范围，《中华人民共和国民法典》第五百八十四条规定："当事人一方不履行合同义务或者履行合同义务不符合约定，造成对方损失的，损失赔偿额应当相当于因违约所造成的损失，包括合同履行后可以获得的利益；但是，不得超过违约一方订立合同时预见到或者应当预见到的因违约可能造成的损失。"

3. 关于实际损失的确定和计算，一般情况下有三种方法：第一，合同中没有约定违约金条款，但是有约定因违约产生的损失赔偿金额计算方法的，可按照这个计算方法进行计算；第二，如果合同中没有约定因违约产生的损失赔偿金额计算方法的，可以凭借相关的单据、鉴定报告等书面证据来证明；第三，如果双方对实际损失金额不能达成协商一致的，可以向法院起诉，由法院审查后进行判决。

4. 一方当事人违约后，守约方不能无动于衷，任凭损失的扩大，而应当采取积极措施，减少损失，即守约方有防止损失扩大的义务。如果守约方没有采取适当措施而使损失扩大，守约方不得对扩大的损失向违约方主张赔偿。因此，《中华人民共和国民法典》第五百九十一条规定："当事人一方违约后，对方应当采取适当措施防止损失的扩大；没有采取适当措施致使损失扩大的，不得就扩大的损失请求赔偿。当事人因防止损失扩大而支出的合理费用，由违约方负担。"

四、技术服务合同是一方以技术知识为对方解决特定技术问题所订立的合同，主张支付报酬的一方应证明双方存在技术（咨询）服务的合同关系。

基本案情

原告和某代表某产业发展公司起诉称，自2019年6月14日开始，原告与被告赵某口头约定，原告为被告有偿提供服务，服务结束时原告和某所归属的某生态产业发展公司出具正式发票后一周内，被告必须支付相关报酬。

2019年6月14日以来，原告为被告赵某的宣传活动等项目提供了全方位的咨询及技术服务。2020年11月12日，原告和某所归属的某产业发展公司出具了正式发票并送到了被告的办公室。后来原告和某向被告催收款项，但至今未收到。故原告诉讼至法院，要求被告支付信息咨询服务费、发票的税费，并赔偿原告经济损失。

法院一审认为原告提交的证据不能充分证明被告应支付相应的咨询服务费的事实。

和某不服判决，向法院申请二审。

法院二审认为，本案中，原告提供的证据仅能证实2019年8月18日双方在当地"车站广场"合作举办过产品发布会，某产业发展公司开具发票，某水果产业协会支付相关费用等事实，但不能证明双方存在有偿技术咨询服务的合同关系。因此，对原告要求被告赵某支付咨询服务费及相关损失的上诉主张法院不予支持，法院最终驳回上诉，维持原判。

案件评析

本案属于技术服务合同纠纷。

1.《中华人民共和国民法典》第八百七十八条规定："技术咨询合同是当事人一方以技术知识为对方就特定技术项目提

供可行性论证、技术预测、专题技术调查、分析评价报告等所订立的合同。技术服务合同是当事人一方以技术知识为对方解决特定技术问题所订立的合同，不包括承揽合同和建设工程合同。”可见，技术服务合同是当事人一方以技术知识为对方解决特定技术问题所订立的合同。

2. 本案从证据上看，原告主张其与被告针对有偿提供农业技术咨询服务达成了口头协议，在双方没有签书面合同的情况下，原告应提供技术服务合同的履行类证据，如双方协商技术服务内容的联系记录、原告针对特定技术项目或问题为被告提供过咨询服务的证据或者相关工作成果、双方对于服务报酬或结算方式的确认等证据。在原告无法证明双方已形成技术服务合同的事实基础上，其主张被告支付报酬及赔偿损失的诉求无法成立。

3. 任何合同关系的形成，建议以书面方式订立合同。双方如果是以口头方式订立合同，应留存短信（微信）记录、通话录音以及证人作为口头合同的证明材料。同时，一方当事人已经履行了全部或部分义务，另一方也接受了服务，同样可以作为口头合同成立的证据。

五、保管合同中寄存人可以随时领取保管物。

基本案情

2012年，在被告郭某经营面粉厂期间，原告王某以小麦换面粉后将面粉、麸皮存放于被告处。截至2015年2月17日，原告王某存放于被告处的面粉有2144.3千克、麸皮有2332千克，并由被告出具存放条，原告王某多次找被告提取，被告以种种理由推诿至今未付。故原告王某诉至法院，要求被告郭某返还面粉2144.3千克、麸皮2332千克或按市场价格支付13241.2元及利息。

法院认为，原告王某在被告郭某处存放面粉、麸皮，郭某出具存放条，双方已形成保管合同关系。郭某在出具的存放条中没有约定保管期限，依照法律规定，王某可随时请求其返还面粉、麸皮。

法院判决被告郭某于判决生效后10日内返还原告王某面粉2144.3千克、麸皮2332千克。

案件评析

本案属于保管合同纠纷。

1.《中华人民共和国民法典》第八百九十条规定："保管合同自保管物交付时成立，但是当事人另有约定的除外。"本案中，原告在被告处存放面粉、麸皮，被告出具存放条，双方形成保管合同关系。

2. 关于保管物领取，《中华人民共和国民法典》第八百九十九条规定："寄存人可以随时领取保管物。当事人对保管期限没有约定或者约定不明确的，保管人可以随时请求寄存人领取保管物；约定保管期限的，保管人无特别事由，不得请求寄存人提前领取保管物。"本案中，被告郭某在出具的存放条中没有约定保管期限，依照上述规定以及《中华人民共和国民法典》第五百一十一条"当事人就有关合同内容约定不明确，依据前条规定仍不能确定的，适用下列规定：……（四）履行期限不明确的，债务人可以随时履行，债权人也可以随时请求履行，但是应当给对方必要的准备时间"的规定，王某可随时请求郭某返还面粉、麸皮。

六、借款的利息不得在出借本金时预先扣除，借款的利率不得违反国家有关规定。

基本案情

被告刘某以承接某小学塑胶跑道缺少资金为由，找原告张某借款 50000 元，约定每月利息为 1500 元，双方以微信交流达成借款协议。2021 年 4 月 19 日，原告在借款前扣除被告一个月的利息后，分四次向被告转账共计 48500 元。之后被告向原告支付了五个月利息共计 7500 元，2021 年 9 月 21 号后未再支付利息，也没有偿还借款本金，原告向法院提起诉讼。

法院认为，原告与被告通过微信交流达成借款协议，此协议有效，原告已按协议给被告支付了借款，被告未按约定及时偿还借款并支付利息，已构成违约，原告要求被告偿还借款及支付利息的诉讼请求合理。双方约定借款50000元，原告在借款时实付48500元，扣除首月利息的行为不符合法律规定，应认定借款金额为48500元。双方约定借款的月利息为1500元（月利率为3%），超出了同期银行贷款市场报价利率，被告每月支付利息的金额超出法律规定的部分应予以抵扣本金。现经过抵扣，被告应偿还原告借款本金43997.21元。原告主张支付利息的诉讼请求，应按不超过同期银行贷款市场报价的利率计算即每月548元。

法院判决：被告偿还原告借款本金43997.21元，逾期利息从2021年9月21日起，按每月548元的利息计算至本金还清之日。

案件评析

本案属于民间借贷纠纷。

1. 民间借贷是一种在世界范围内广泛存在的民间资金融通活动。《最高人民法院关于审理民间借贷案件适用法律若干问题的规定》第一条规定："本规定所称的民间借贷，是指自然人、法人和非法人组织之间进行资金融通的行为。经金融监管部门批准设立的从事贷款业务的金融机构及其分支机构，因发放贷款等相关金融业务引发的纠纷，不适用本规定。"这就是说，民间借贷既可以发生于自然人之间，也可以发生于法人或其他组织之间，还可以发生于他们相互之间。对于经金融监管部门批准设立的从事贷款业务的金融机构及其分支机构，发放贷款等相关金融业务，则不属于民间借贷范畴之列。

2.《中华人民共和国民法典》第六百七十条规定："借款的利息不得预先在本金中扣除。利息预先在本金中扣除的，应当按照实际借款数额返还借款并计算利息。"本案中，原告在支付借款时扣除首月利息1500元的行为不符合上述法律规定，因此法院认定借款金额为48500元。

3.根据双方约定利息的金额计算，双方将借款的月利息约定为3%，即年利息36%。《中华人民共和国民法典》第六百八十条规定："禁止高利放贷，借款的利率不得违反国家有关规定。"《最高人民法院关于审理民间借贷案件适用法律若干问题的规定》第二十五条规定："出借人请求借款人按照合同约定利率支付利息的，人民法院应予支持，但是双方约定的利率超过合同成立时一年期贷款市场报价利率四倍的除外。前款所称'一年期贷款市场报价利率'，是指中国人民银行授权全国银行间同业拆借中心自2019年8月20日起每月发布的一年期贷款市场报价利率。”因此，双方约定的利息不符合法律规定，被告每月支付利息的金额超出上述法律规定合法计算的利息部分，在本案中抵扣了相应本金，未支付部分也按照法定标准予以计算。

七、应按照与金融机构签订的借款合同约定用途使用借款，借款人未实际使用也应承担还款责任。

基本案情

2019年3月2日，被告石某与原告某信用社签订《农户小额信用贷款自主循环借款合同》，合同约定：石某向某信用社借款50000元进行花卉种植并约定了借款的年利率，借款期限自2019年3月2日至2020年3月1日。同时，合同约定：借款人如未按约定日期还款，借款年利率上浮。合同签订后，某信用社如约发放贷款至石某的银行卡。约定的还款时间到期后，经某信用社多次催收，至诉讼时石某仍拖欠借款本金50000元及相应利息。

庭审时，法院查明，贷款到账后，石某将这笔钱借给汪某，用于承包工程时给工人发放工资，实际由汪某使用。约定还款时间到期后，经原告多次催收，石某只偿还了409.34元利息，剩余本金及利息没有按时偿还。至今石某仍拖欠本金50000元及相应利息。

法院判决：被告石某在判决生效后一个月内偿还原告某信用社贷款本金 50000 元并清偿相应利息。

案件评析

本案属于金融借款合同纠纷。

1.《中华人民共和国民法典》第四百六十五条规定：“依法成立的合同，受法律保护。依法成立的合同，仅对当事人具有法律约束力，但是法律另有规定的除外。”本案中，被告石某与原告某信用社签订的贷款合同合法有效，该合同对原告、被告都具有约束力，且原告依约拨付贷款至被告的账户中，原告全面履行了借款合同的义务。

2.《中华人民共和国民法典》第六百七十三条规定“借款人未按照约定的借款用途使用借款的，贷款人可以停止发放借款、提前收回借款或者解除合同”；第六百七十五条规定“借款人应当按照约定的期限返还借款”；第六百七十六条规定“借款人未按照约定的期限返还借款的，应当按照约定或者国家有关规定支付逾期利息。”本案中，被告石某未按合同约定（花卉种植）使用贷款，而是转借给他人，也未按时偿还贷款本金及利息。故石某已构成违约，应承担偿还借款及利息的违约责任。

八、将钱借给夫妻一方，该借款未用于家庭生活，且夫妻另一方对该债务未追认，该债务不能认定为夫妻共同债务。

基本案情

祁某和余某是亲戚，余某和宋某是夫妻。2020 年 5 月 18 日，余某找祁某称要归还信用社贷款，向祁某借款 15000 元，祁某将借款以现金方式交付余某，余某给祁某出具借条。2020 年 5 月 26 日借款到期，余某未归还，祁某向余某催要未果。祁某将余某、宋某起诉至法院，要求两名被告共同偿还借款。

法院查明余某借钱的事情属实。庭审中余某辩称：这笔借款是被告宋某让他去借的，借到钱后他将钱交给被告宋某。余某没有钱不同意归还，且自己没有用这笔钱，应由被告宋某归还。被告宋某辩称其既没有让余某向祁某借钱，也没有收到这笔钱。借条中没有宋某的签名，所以被告宋某不同意归还。

法院认为，祁某与余某之间属于民间借贷关系，祁某已将借款交付给余某，民间借贷合同已生效。法院对祁某要求余某归还借款本金 15000 元的诉求予以支持。法院对被告宋某是否承担还款责任的问题进行分析。本案中宋某既未在借条上签名，也未在事后追认，被告余某未提交证据证明涉案债务是以个人名义为家庭日常生活需要所借的债务，即本案中无证据证明涉案债务是夫妻共同债务，故被告宋某不应承担归还借款的责任。

法院判决：余某归还祁某借款本金 15000 元，驳回祁某要求宋某归还借款本金的诉讼请求。

案件评析

本案属于民间借贷纠纷。

《中华人民共和国民法典》第一千零六十四条规定："夫妻双方共同签名或者夫妻一方事后追认等共同意思表示所负的债务，以及夫妻一方在婚姻关系存续期间以个人名义为家庭日常生活需要所负的债务，属于夫妻共同债务。夫妻一方在婚姻关系存续期间以个人名义超出家庭日常生活需要所负的债务，不属于夫妻共同债务；但是，债权人能够证明该债务用于夫妻共同生活、共同生产经营或者基于夫妻双方共同意思表示的除外。"《中华人民共和国民事诉讼法》第六十七条第一款规定："当事人对自己提出的主张，有责任提供证据。"本案中，宋某既没有在借条上签名，也没有在庭审中承认该借款，且余某没有证据证明这笔借款用于余某、宋某的家庭生活，即本案中无证据证明涉案债务是夫妻共同债务，故法院认定宋某不承担还款责任。

九、连带责任保证的债务人到期未清偿债务或者发生当事人约定的情形时，债权人可以请求债务人履行债务，也可以请求保证人在其保证范围内承担保证责任。

基本案情

原告某农村贷款互助合作社因金融借款合同纠纷向秦某、肖某、潘某提起诉讼。2021 年 2 月 19 日，被告潘某向原告借款 30000 元，约定月利率 18‰，逾期利率月息 20‰，按月付息。双方约定 2021 年 5 月 18 日由被告归还借款本金 30000 元及借款应付的利息，由保证人秦某、肖某承担连带担保责任。借款合同到期后，原告多次催要，被告仍未能按照约定归还借款本金 30000 元及借款应付的利息，保证人未按约定履行连带保证责任。

法院判决：1. 被告潘某偿还原告借款 30000 元及利息；2. 被告秦某、肖某承担连带清偿责任；3. 被告秦某、肖某履行连带保证义务后享有追偿权。

案件评析

本案属于金融借款合同纠纷。

1.《中华人民共和国民法典》第五百七十七条规定："当事人一方不履行合同义务或者履行合同义务不符合约定的，应当承担继续履行、采取补救措施或者赔偿损失等违约责任。"

原告、被告之间签订的借款合同、保证合同均合法有效。原告依约履行了借款义务，被告潘某应按约还本付息，但其未按约定偿还借款本金及利息，构成违约。故原告诉求被告偿还借款本金 30000 元及利息，符合法律规定。

2.《中华人民共和国民法典》第一百八十八条第一款规定："向人民法院请求保护民事权利的诉讼时效期间为三年。法律另有规定的，依照其规定。"因此，债权的诉讼时效为三年，债权人应在诉讼时效期内向债务人提出履行请求或向法院提起诉讼。

3.《中华人民共和国民法典》第六百八十八条规定："当事人在保证合同中约定保证人和债务人对债务承担连带责任的，为连带责任保证。连带责任保证的债务人不履行到期债务或者发生当事人约定的情形时，债权人可以请求债务人履行债务，也可以请求保证人在其保证范围内承担保证责任。"被告秦某、肖某与原告签订的保证合同合法有效，应按约承担连带保证责任，其二人承担了连带保证责任后，可以向借款人追偿。

十、行为人因过错侵害他人民事权益造成损害的，应当承担侵权责任。

基本案情

原告肖某在湖南省益阳市养殖龙虾，池塘的面积为 2.55 公顷，2019 年 3 月 13 日，被告沈某建议原告用某公司生产的“特效青苔杀手”和“黑土精”清除龙虾池塘里的青苔，当时原告不同意用该药。被告某公司的技术员承诺用了该药后，可彻底杀死青苔，并保证龙虾不会有任何损失。被告某公司的技术员按原告的龙虾池塘面积配好药，由原告按照技术员的要求在龙虾池塘喷洒该药。谁知几天后，龙虾开始出现异常情况，原告联系被告沈某，询问被告某公司技术员对突发情况的处理办法，但被告某公司一直未派人到现场进行处理。至今，龙虾池塘内的龙虾全部死亡。故原告起诉至法院要求由被告沈某、某公司连带赔偿原告因龙虾死亡所造成的损失37万元。

法院认定：2019年3月，沈某向肖某推荐清除龙虾池塘内青苔的药剂“特效青苔杀手”和“黑土精”，并说明药剂只清除青苔，对龙虾没有影响。肖某同意使用上述两种药剂清除池塘内的青苔。2019年3月14日，某公司技术员到达肖某的龙虾池塘，指导肖某喷洒药剂。在药剂喷洒后的几天，肖某养殖的部分龙虾死亡，证明“特效青苔杀手”和“黑土精”药剂不符合沈某之前承诺的预期效果。某公司技术员现场指导肖某喷洒“特效青苔杀手”和“黑土精”药剂，肖某养殖的龙虾死亡与喷洒“特效青苔杀手”和“黑土精”存在因果关系。故本案属于侵权责任纠纷。

2019年6月18日，湖南省益阳市工商行政管理局出具行政处罚决定书，该决定书认定沈某将某公司生产的产品推销给村民肖某，造成肖某养殖的龙虾全部死亡（死亡原因不明）的结果。涉案药剂“特效青苔杀手”和“黑土精”由某公司生产，由沈某向肖某推荐，某公司技术员现场指导肖某使用药剂，客观上导致肖某养殖的龙虾死亡的事实。某公司、沈某均不能证明其生产和提供的“特效青苔杀手”和“黑土精”适用于肖某的龙虾池塘，某公司也不能证明其技术员指导肖某使用药剂的方法正确。沈某、某公司对肖某养殖的龙虾死亡应各自承担相应责任。

法院认定被告沈某推销产品，被告某公司让技术员现场指导，原告肖某作为一个农民对药剂喷洒后的结果并无预见能力。被告某公司在技术服务过程中对服务对象在生产中出现的问题不予解决，违反农民期待的合同要求，对肖某造成的损失应承担主要责任（酌定 70%）。被告沈某只知推销产品，并不熟知其所经销产品的性质，对服务对象在生产中出现的问题无能力解决，也违反农民期待的合同要求，对肖某造成的损失应承担次要责任（酌定 30%）。肖某在没有对本次损失评估的前提下提出赔偿 37 万元的诉讼请求，无事实依据。然而，我国相关法律表示农民依靠土地进行生产、取得收益，在生产中因人为因素造成损失，虽无法获得具体的评估鉴定结论，但可参照该养殖地点附近的、类似的地理状况、投入标准、气候状况、年度收入等因素进行归纳测算，这也是一种科学的方法。据此，法院认为，对肖某的损失以每公顷 1.5 万元计算较为适宜。

据此，法院判决被告某公司于判决生效后 10 日内赔偿肖某 26775 元；被告沈某于本判决生效后 10 日内赔偿原告 11475 元。

案件评析

本案属于侵权责任纠纷。

1. 侵权责任纠纷是指因侵害他人的合法民事权益所发生的纠纷。《中华人民共和国民法典》第一千一百六十五条第一款规定："行为人因过错侵害他人民事权益造成损害的，应当承担侵权责任。"这是对于一般侵权责任的基本规定，这个规定要求一般侵权责任的构成以行为人的主观过错为前提。一般侵权责任的构成要素包括:（1）行为人从事了民事违法行为;（2）造成了他人财产或人身损害的事实;（3）违法行为与损害后果之间具有因果关系;（4）行为人主观上有故意或过失的过错。

2.《中华人民共和国民法典》第一千一百六十五条第二款规定："依照法律规定推定行为人有过错，其不能证明自己没有过错的，应当承担侵权责任。"这是对于特殊侵权责任的规定，不要求以行为人具有主观过错为前提。

3. 侵权责任的承担形式具有多样性，侵权责任的行为人或责任人除了要承担赔偿损失、返还财产等财产责任外，在很多情况下，还可能同时承担停止侵害、恢复名誉、消除影响、赔礼道歉等非财产形式的责任。

第六部分

相邻关系

一、不动产权利人应为相邻权利人提供必要通行便利。

基本案情

原告刘某与被告凌某均居住于北京市昌平区某镇某村，两家相邻而居，刘某家的房屋建于2017年，凌某家的房屋建于2018年。刘某家西墙与凌某家东墙之间有一条约94厘米的窄道，刘某家西墙上有一个门，凌某家东墙上有两根排烟管、六个空调外机，在窄道的地面上有四根铁管。刘某认为上述空调外机和铁管对自己的出行造成影响，排烟管对自家的房屋造成危害。刘某在2019年3月22日给凌某写了一封信，劝他处理好两家关系，但是凌某置之不理，故刘某诉至法院。原告要求被告清除对原告造成的通行障碍、人身危险、楼房损害等不利因素（移走东墙上的空调外机、排烟管，清除铁管）。

被告凌某认为窄道是两家排水共用的，并不是通行的过道，空调外机和排烟管是安装在自家的墙体上，与刘某家没关系，但铁管自己可以清除。

法院认为：不动产的相邻各方，应按照有利生产、方便生活、团结互助、公平合理的原则正确处理相邻关系。妨害物权或者可能妨害物权的，权利人可以请求排除妨害或者消除危险。本案中，法院现场勘验发现凌某在两家的窄道地面上设置的铁管确实对刘某的通行造成妨害，庭审中凌某自愿将铁管进行清除。关于凌某家东墙面上的两根排烟管，虽然是安置在凌某自家墙上，但根据目前状况推测长期排烟确实对刘某家造成一定影响，故可以采取在排烟管上安装“三通弯头”等措施，避免“排烟问题”对刘某家造成不利影响。关于凌某家东墙面上的六个空调外机，除最下面的空调外机以外，其余的空调外机对刘某家不会造成影响，最下面的空调外机支架，确实对通行造成一定妨害，故可以采取相应措施将支架外的“尖头”去除，避免对他人通行造成妨害。关于刘某的其他诉求，因与实际情况不符，法院不予支持。法院指出，原告、被告双方互为邻居，应本着团结互助的精神，互相礼让，妥善化解矛盾纠纷。因此，法院判决凌某在判决生效之日起10日内将位于北京市昌平区某镇某村某号院东侧窄道地面上的铁管进行清除，不得对刘某通行造成妨害；对东墙上的两根排烟管采取一定改造措施（比如在排烟管上安装“三通弯头”等措施），避免“排烟问题”对刘某家造成不利影响；对东墙上最下面的空调外机支架采取一定措施将支架外“尖头”去除，避免对刘某家通行造成妨害。

案件评析

本案属于相邻通行关系纠纷。

1. 相邻通行关系是最常见的一种相邻关系，即由于地理条件的限制，一方必须利用相邻一方所有或者使用的土地，取得通行等便利。

2.《中华人民共和国民法典》第二百八十八条规定“不动产的相邻权利人应当按照有利生产、方便生活、团结互助、公平合理的原则，正确处理相邻关系”；第二百九十一条规定“不动产权利人对相邻权利人因通行等必须利用其土地的，应当提供必要的便利。”本案中，人民法院查明，被告架设的设备确实影响原告居住、通行，而客观上被告有条件采取相关调整措施尽量避免对原告通行产生障碍。本着方便生活、团结互助、公平合理的原则，这些设备由被告予以拆除、调整为妥。

二、不动产权利人不得利用不动产危及相邻不动产的安全。

基本案情

原告的房屋坐落于上海市某区某村某号，被告的房屋在原告的房屋前面。2020 年 11 月初，被告在自家宅基地后紧邻原告的房屋处挖了一条长约 9.93 米，宽约 0.58 米，最深处 0.4 米，最浅处 0.1 米的壕沟。因原告认为上述壕沟影响原告房屋安全，故原告诉至法院，要求判决被告立即恢复原状，将与原告房屋相邻处所挖的壕沟填平。经原告申请，法院组织委托鉴定机构对被告挖开的壕沟是否对原告房屋质量造成影响进行鉴定。鉴定意见认为：1. 原告的房屋现未见因挖开壕沟导致明显损害，但若不进行处理，长期如此会导致原告的房屋出现倾斜、不均匀沉降等问题，影响房屋质量。2. 原告所述壕沟深度和现状对原告房屋及围墙的影响相似，只是影响程度不同。现在影响程度小于原告所述程度。

法院认为：不动产权利人挖掘土地、建造建筑物、铺设管线以及安装设备等，不得危及相邻不动产的安全。本案中，被告所挖掘壕沟目前虽未对原告房屋造成明显损害，但若不进行处理，长期如此会导致原告房屋出现倾斜、不均匀沉降等问题，影响房屋质量。故原告要求被告恢复原状，将其在原告房屋相邻处所挖的壕沟填平的诉求有法律依据，法院予以支持。最终，法院判决被告在判决生效之日起 10 日内将其在上海市某区某村某号房屋围墙前挖开的壕沟恢复原状。

案件评析

本案属于相邻关系引起的排除潜在危险的纠纷。

1.《中华人民共和国民法典》第二百九十五条规定“不动产权利人挖掘土地、建造建筑物、铺设管线以及安装设备等，不得危及相邻不动产的安全。”

2. 在不动产相邻的情况下，各方权利人对物权权利的行使必然互相产生一定影响。如果所有的不动产权利人都自由地、不受限制地主张其占有、使用、收益、处分的权利，并排除他人的干涉，势必会互相冲突。因此，法律在一定范围内加以规范，更有利于保障不动产得以充分利用，维护各方的权利。本案中，原告基于相邻关系对被告在其自有宅基地上所挖壕沟负有一定的容忍义务，但该种容忍义务不应是无限度的，被告在行使其物权权利时，应当尽可能地避免给原告造成损害。经鉴定，被告所挖的壕沟已经对原告的房屋造成潜在危险，被告依法应将其恢复原状。

三、不动产权利人应当为相邻权利人用水、排水提供必要的便利。

基本案情

原告黄某与被告常某为同村村民，双方的房屋相邻。被告常某在其房屋所在院内搭起了一个养鸡棚，建了一个小型家用化粪池，并在黄某房屋的屋檐内（靠近黄某房屋的墙体）堆放了水泥缸、水泥板等杂物，还种植了一颗花椒树。黄某认为，常某堆放的杂物及种植的植物已经严重影响了其房屋屋檐排水，对其房屋墙体造成了损害，同时，黄某还认为常某的化粪池影响了其家人的身心健康。黄某多次与常某协商未果。2020 年 10 月 21 日，黄某以相邻关系纠纷为由向法院起诉，要求被告常某清除原告房屋后面北边屋檐下墙壁至排水沟一米范围内的杂物（花椒树、水泥缸、水泥板等）；拆除原告房屋北边屋檐下的化粪池和养鸡棚；拆除原告房屋后面靠墙壁两边的围墙；疏通水渠，并赔偿原告经济损失 1 万元。

法院一审认为，本案为相邻关系纠纷。首先，关于黄某要求被告常某清除其房屋后面北边屋檐下墙壁至排水沟一米范围内的杂物的问题，根据原告向该院提交的证据显示，被告在原告房屋后面北边屋檐下堆放的水泥缸、水泥板等杂物及种植的花椒树，既对原告房屋的墙壁有影响，也造成了原告房屋的屋檐水无法正常排出，从而导致原告房屋的墙体受潮，为此，原告诉请被告清除其房屋后面北边屋檐下墙壁至排水沟一米范围内的杂物，理由正当，予以支持；其次，关于原告黄某要求被告常某拆除养鸡棚、化粪池及拆除原告房屋后面靠墙壁两边围墙的问题，因原告未能举证证明被告院内搭建的上述设施影响了其正常生活、通行或身心健康，且上述设施早已存在多年，此外，原告也未能举证其对上述占用的土地享有使用权。可见，原告的该项诉讼请求，证据不充分，法院不予支持；第三，关于原告黄某要求被告常某疏通公共水渠并赔偿其经济损失 1 万元的问题，因原告未能举证被告堵塞公共水渠对其造成了 1 万元的财产损失，对原告该项诉讼请求，因证据不充分，法院不予支持。

法院二审认为：根据《中华人民共和国民法典》第二百八十八条规定“不动产的相邻权利人应当按照有利生产、方便生活、团结互助、公平合理的原则，正确处理相邻关系”，原告黄某有权要求被告常某清除其房屋后面北边屋檐下墙壁至排水沟一米范围内的杂物（花椒树、水泥缸、水泥板等）。常某在黄某房屋后面北边屋檐下堆放上述杂物，造成了黄某房屋的屋檐水无法正常排出，导致黄某房屋的墙体受潮，根据《中华人民共和国民法典》第二百九十条：“不动产权利人应当为相邻权利人用水、排水提供必要的便利，”一审判决对原告黄某主张被告常某清除其房屋后面北边屋檐下墙壁至排水沟一米范围内杂物的诉求予以支持是正确的，本院予以支持；原告黄某要求被告常某拆除养鸡棚、化粪池及拆除黄某房屋后面靠墙壁两边的围墙的问题，因上述建筑物位于常某房屋院内，黄某也未能举证自己对上述建筑物占用的土地依法取得使用权，一审判决对黄某该项诉讼请求不予支持并无不当；原告黄某上诉提出被告常某赔偿其经济损失 1 万元的诉求，因黄某未能举证常某堵塞公共水渠对其造成了 1 万元的财产损失，一审判决对黄某该项诉讼请求不予支持同样正确。故法院判决驳回黄某的上诉请求，维持一审判决。

案件评析

本案属于用水、排水相邻关系引起的相邻权纠纷。

1. 在我国农村地区，农业灌溉、饮水浣洗、舟楫通行等都离不开水，故而因截流、挖水沟、水塘、滴水引起的相邻用水、排水纠纷尤为突出。不动产权利人基于用水、排水而发生的相邻关系内容可谓非常丰富，主要包括用水权、设堰、排水、蓄水、引水、排水设施损坏而致邻地损害时的修缮义务，水源地权利人的物上请求权等。本案主要是因排水引发的相邻权纠纷。

2.《中华人民共和国民法典》第二百九十条规定："不动产权利人应当为相邻权利人用水、排水提供必要的便利。对自然流水的利用，应当在不动产的相邻权利人之间合理分配。对自然流水的排放，应当尊重自然流向。"本案中，被告常某堆放杂物的行为客观上给原告正常排水造成了影响，其作为相邻关系的一方，应保障相邻方的排水权利，清除其堆放的杂物等。

四、修建房屋、铺设电线电缆等可以临时利用相邻的土地或房屋，但不能危及相邻不动产的安全，相邻不动产权利人应提供必要便利。

基本案情

原告李某涛与被告王某英为邻居。2012 年，被告建设房屋，双方口头协商，允许被告向东开窗户，待原告建房时也可向西开窗户。2021 年 6 月，原告开始建房，但被告不同意原告开窗户，并阻挠原告施工。现原告无法对房屋西墙抹灰及铺设线缆、天然气管道等，故诉至法院，诉讼请求为：原告对新建楼房西墙抹灰的时候，被告不得阻拦，并撤走所有影响施工的障碍物；原告从西侧墙体搭设线缆、天然气管道等设施时，被告不得阻拦。

法院查明，原告李某涛居住在108号院，被告王某英居住在107号院。双方为东西户邻居，李某涛居东侧，王某英居西侧。2012年，王某英在107号院内建设三层楼房；2021年，李某涛在108号院内建设楼房，因西侧设有窗户，与王某英发生矛盾。法院现场勘验发现108号院内二层楼房与107号院内三层楼房中间有一条夹缝（空隙），双方均认可，该夹缝南侧宽约40厘米，北侧宽约80厘米，大致成梯形。关于该夹缝的归属，双方陈述不一，原告认为该夹缝有部分在其宅基地范围内，被告认为该夹缝在自己宅基地范围。原告陈述其要对房屋西墙抹灰，还要搭设线缆、安装天然气管道，需要使用两家之间的夹缝（空隙）。施工时，被告设置障碍并阻拦。被告在两家之间的夹缝中放置扫帚、竹竿、拖把等物品，影响原告施工。被告称杂物是放在自家宅基地范围内，与原告无关，只要原告将其一层、二层西侧厕所的窗户堵上，可以在原告施工时将放置的杂物移开。

法院认为：本案中，李某涛家新建楼房与王某英家房屋间存在空隙，李某涛粉刷房屋西墙、铺设管线时必须利用与其相邻的土地、建筑物，特别是两家之间的空隙，王某英应当提供必要的便利，清理临时放置的杂物，不得阻碍李某涛施工。李某涛应采取必要的防护措施，避免损害王某英家财产安全。在建房过程中，双方对产生的矛盾，应按照有利生产、方便生活、团结互助、公平合理的精神处理，李某涛不宜强行施工，王某英不宜过分苛责施工造成的不便。因此，法院判决李某涛对 108 号院内楼房屋西墙抹灰、搭设线缆、安装天然气管道施工时，若须利用楼房之间的空隙，王某英应清理影响施工的杂物，不得阻碍李某涛施工。

案件评析

本案属于相邻土地利用引起的相邻关系纠纷。

1.《中华人民共和国民法典》第二百八十八条规定："不动产的相邻权利人应当按照有利生产、方便生活、团结互助、公平合理的原则，正确处理相邻关系"；第二百九十二条规定："不动产权利人因建造、修缮建筑物以及铺设电线、电缆、水管、暖气和燃气管线等必须利用相邻土地、建筑物的，该土地、建筑物的权利人应当提供必要的便利"；第二百九十五条规定："不动产权利人挖掘土地、建造建筑物、铺设管线以及安装设备等，不得危及相邻不动产的安全"。

2. 本案中，被告作为原告邻居，应在原告粉刷房屋西墙、铺设管线必须利用双方房屋的空隙时，提供必要的便利，不得阻碍原告施工。与此同时，原告也应采取必要措施，避免给被告造成损害。如果施工过程中有可能危害被告不动产安全的行为，原告应及时地采取措施消除危险；如果造成损害的，原告还应及时赔偿被告。

五、建造建筑物不得妨碍相邻建筑物的通风、采光和日照。

基本案情

原告闫某与被告高某为邻居关系，被告新建的房屋与原告的房屋相邻，被告房屋的第二层西侧有一块铁牌，该铁牌用钢架固定。现原告认为该新建房屋为违法建筑，侵占了原告的宅基地，要求高某拆除。同时，原告认为被告在房屋第二层西侧安装的铁牌对原告的房屋采光、通风造成影响，且存在严重的安全隐患，故要求被告拆除铁牌；原告请求法院判决被告赔偿精神损失费。

法院认为，关于拆除铁牌的请求，不动产相邻各方应当按照有利于生活居住的原则，正确处理相邻关系。作为相邻方，被告在房屋的第二层西侧安装的铁牌在一定程度上影响了原告房屋的正常采光，给原告的生活造成妨害。

被告应当承担排除妨害的义务，即将上述铁牌拆除，以保证原告房屋的正常采光。关于被告要求赔偿精神损失费的诉讼请求，因无法律依据，法院不予支持。同时，法院在判决中特别说明：法治、友善是社会主义核心价值观的重要内容。法治强调的是规则之治，根本目的是平等保障每一个人的合法权益；友善是中华文化千百年传承下来的智慧和精神，也是邻里乡亲相处的基本原则。利益冲突、纠纷本为社会常态，现阶段双方作为相邻关系方是不争的事实，希望双方能在今后的生活中彼此友善、和谐相处，遵循“互谅互让”的原则解决相邻关系纠纷，共建“与邻为善”的邻里关系。最终，法院判决被告在判决生效之日起15日内将其房屋第二层西侧的铁牌拆除；驳回原告的其他诉讼请求。

案件评析

本案属于排除妨害纠纷。

1. 通风、采光和日照是衡量一个人居住质量的重要标准。《中华人民共和国民法典》第二百九十三条规定：“建造建筑物，不得违反国家有关工程建设标准，不得妨碍相邻建筑物的通风、采光和日照”。相邻建筑物的所有人或利用人之间有一定的容忍义务，也就是说只有在日照、采光、通风妨碍超出必要的容忍限度，受害人排除妨碍的主张才能得到支持。本案中，法院认定被告在房屋第二层西侧安装的铁牌影响了原告房屋的正常采光，给原告的生活造成妨害，故判决被告将该铁牌拆除，具有法律依据。

2. 本案中，关于原告认为被告新建的房屋为违法建筑，侵占了原告的宅基地，要求被告拆除房屋的诉求，不属于人民法院民事诉讼的受理范围。

第一，原告认为被告新建房屋侵占其宅基地，属于宅基地使用权纠纷。根据《中华人民共和国土地管理法》第十四条的规定："土地所有权和使用权争议，由当事人协商解决；协商不成的，由人民政府处理。"

第二，原告主张被告新建房屋属于违法建筑，但违法建筑的认定属于规划行政主管部门的职权范围，法院不是认定违法建筑的主体。

第七部分

农村生态环境保护

一、因污染环境、破坏生态造成他人损害的，侵权人应当承担侵权责任。

基本案情

本溪市某区人民检察院在履行公益监督职责中发现，被告李某江盗伐林木破坏生态环境的行为损害社会公共利益。本溪市某区人民检察院于2021年8月3日立案，同日履行公告程序。2018年11月，被告李某江未经林业部门批准，在本溪市某区某村的国家公益林内，砍伐权属为他人所有的树木6株，致使森林资源遭受侵害，损害社会公共利益。2019年9月16日，本溪市某区人民法院对被告李某江以盗伐林木罪判处拘役4个月，缓刑4个月，并处罚金人民币8000元，上述刑罚均已执行完毕。被告李某江至今未对盗伐林木所造成的生态损害进行修复，社会公共利益仍处于受侵害状态。故公益诉讼起诉人本溪市某区人民检察院向法院提起诉讼，要求判决被告李某江在其所破坏的公益林中补种树苗18株，覆盖面积共计0.0067公顷，确定当年栽种成活率达到90%以上，3年后保存率达到85%以上，以某区林业局验收合格为准；或者承担毁林生态功能修复补种费用184元。

法院判决：责令被告李某江于2022年春季在某区公益林中补种树苗18株，覆盖面积共计0.0067公顷，确定当年栽种成活率达到 90% 以上，3 年后保存率达到 85% 以上，以某区林业局验收合格为准；如不能实现上述补种目标，则承担生态修复费用 184 元。

案件评析

本案属于公益诉讼侵权责任纠纷。

1. 本案是检察院提起的民事公益诉讼。民事公益诉讼是指检察机关在履行职责中发现破坏生态环境和资源保护、食品药品安全领域侵害众多消费者合法权益等损害社会公共利益的行为，在没有法律规定的机关和组织或者法律规定的机关和组织不提起诉讼的情况下，可以向人民法院提起诉讼。

2.《中华人民共和国民法典》第一千二百二十九条规定："因污染环境、破坏生态造成他人损害的，侵权人应当承担侵权责任。"本案中，李某江未经林业部门批准，在国家公益林内，砍伐他人所有的树木 6 株，致使森林资源遭受侵害，损害社会公共利益，应依法承担侵害社会公共利益的民事责任。

3.《中华人民共和国民法典》第一千二百三十四条规定："违反国家规定造成生态环境损害，生态环境能够修复的，国家规定的机关或者法律规定的组织有权请求侵权人在合理期限内承担修复责任。侵权人在期限内未修复的，国家规定的机关或者法律规定的组织可以自行或者委托他人进行修复，所需费用由侵权人负担。”《最高人民法院关于审理环境民事公益诉讼案件适用法律若干问题的解释》第二十条第二款规定：“人民法院可以在判决被告修复生态环境的同时，确定被告不履行修复义务时应承担的生态环境修复费用；也可以直接判决被告承担生态环境修复费用。”本案中，李某江明确表示对认定其砍伐林木的事实不持异议，且同意承担毁林生态功能修复补种费用184元。因此，法院判决李某江补种后，同时判决如不能实现补种目标，李某江则需承担生态修复费用184元。

二、环境污染责任纠纷采用“举证责任倒置”，即行为人应当对法律规定的不承担责任或者减轻责任的情形及其行为与损害之间不存在因果关系承担举证责任。

基本案情

2019年4月，原告与某农业种植专业合作社签订了合同，约定原告种植蔬菜1.2公顷，蔬菜成熟后由某农业种植专业合作社全部收购，并且约定了收购价格。合同签订后，原告租用当地村民承包地1.2公顷，种植生菜0.6公顷，黄瓜0.3公顷，豆苗0.3公顷。2019年9月底，原告所种植蔬菜成熟，某农业种植专业合作社派人来收购时，发现所有蔬菜都存在污染问题而拒绝收购。2019年11月29日，中国科学院某研究所分析测试中心对这批蔬菜进行鉴定，发现蔬菜中的硝酸盐含量严重超标，这批蔬菜应当被认定为污染产品，因此给原告造成损失 287500 元。原告认为蔬菜中的硝酸盐污染源来自被告的排污行为，被告的排污行为与原告种植的蔬菜被污染存在法律上的因果关系，被告应当承担侵权责任，赔偿原告的全部损失。因此，原告向法院起诉要求判决被告赔偿原告蔬菜损失 287500 元。

最终，法院判决被告赔偿因排污造成原告所种植生菜的损失为 78000 元，于判决生效后 10 日内付清；驳回原告其他诉讼请求。

案件评析

本案属于环境污染责任纠纷。

1. 本案是因环境污染侵权引起的纠纷，环境污染侵权是一种特殊的民事侵权行为，适用于“举证责任倒置”。庭审中，原告提供的证据能够证明其所种植的蔬菜存在客观受损的事实，此时被告应当承担其“不承担责任或者减轻责任的情形及其行为与损害之间不存在因果关系”的举证责任。

《中华人民共和国民法典》第一千二百三十条规定：“因污染环境、破坏生态发生纠纷，行为人应当就法律规定的不承担责任或者减轻责任的情形及其行为与损害之间不存在因果关系承担举证责任”。同时《最高人民法院关于审理环境侵权责任纠纷案件适用法律若干问题的解释》第一条第一款规定“因污染环境、破坏生态造成他人损害，不论侵权人有无过错，侵权人应当承担侵权责任”。

2. 当事人对自己提出的主张有责任提供证据，原告应当对蔬菜受损后果承担举证责任。本案中，原告提供的证据仅能证明原告在与被告相邻的耕地里种植了0.6公顷的生菜，故法院仅对原告种植生菜的损失请求予以支持。

三、企业因暴雨天气导致超标排污行为，在企业未能及时采取合理措施防止污染进一步扩大的情况下，仍要承担相应的民事责任。

基本案情

2020年7月以来，某煤矿矿井废水涌出量增加，由于该公司废水处理能力不足，矿井废水在未经处理的情况下，直接进入排水管道排入某水库下游河流造成污染，损害了社会公共利益。贵州某科技有限公司于2020年7月29日对水体采样检测，发现排污口下游沟渠的“悬浮物”超标14.2倍，金属含量超标1.02倍。虽然某煤矿已停止超标排污行为，但其违法排放污水行为造成的环境污染和生态破坏的情况仍然持续存在，社会公共利益持续受到侵害。公益诉讼起诉人贵州省毕节市人民检察院在履行职责的过程中，发现公共利益受到损害后，于2020年9月18

日公告了本案相关情况，公告期内未有法律规定的机关和有关组织提起民事公益诉讼。故贵州省毕节市人民检察院作为公益诉讼起诉人依法向法院提起环境公益诉讼，要求判决某煤矿将其违法排污损害的生态环境恢复原状或者支付生态环境损害修复费用42万元，并承担检测、鉴定费用6万元。

法院判决：1.限被告某煤矿公司于本判决生效之日起15日内委托具有专业资质的第三方机构着手实施对某水库下游河流水体造成的污染恢复原状，若15日内未完成对外委托和制定修复方案，则立即按《贵州省生态环境损害赔偿资金管理办法（试行）》规定向指定的账户支付生态环境修复费用人民币42万元，由赔偿权利人毕节市人民政府指定的职能部门毕节市生态环境局负责开展修复工作，并由公益诉讼起诉人贵州省毕节市人民检察院进行监督；2.限被告某煤矿公司于判决生效之日起10日内向公益诉讼起诉人贵州省毕节市人民检察院支付鉴定费用人民币6万元。

案件评析

本案属于环境污染民事公益诉讼。

1.本案中，法院认为，经鉴定，被告某煤矿超标排放污水的行为，对当地地表水造成了污染，破坏了生态环境，对周边村民正常生产、生活造成不利影响，损害了社会公共利益。虽然其已停止超标排污行为，但所排放的污水造成环境污染和生态破坏的情况仍然持续存在，社会公共利益持续受到侵害。被告某煤矿应按照《中华人民共和国民法典》第一千二百二十九条规定“因污染环境、破坏生态造成他人损害的，侵权人应当承担侵权责任”，承担修复生态的民事责任。

2. 本案中，被告抗辩称，此次事件并非被告的主观意愿所导致，而是由于当年进入七月份以来，矿区范围遭遇建矿以来最大规模的强降雨，至此煤矿井下排水量增加，导致部分未能及时处理的矿井水从处理站溢出，进入排水沟，致使排水超标。究其原因是恶劣天气影响，属于不可人为控制的因素导致污水溢出，且经相关执法部门对被告单位的矿井水处理站排查无任何排放暗沟或管道，不存在擅自偷排废水的行为。

《中华人民共和国水污染防治法》第九十六条第二款规定“由于不可抗力造成水污染损害的，排污方不承担赔偿责任”。但在本案中，发生暴雨天气导致企业污水溢出后，某煤矿矿井内的废水未能及时处理以及现有的矿井水处理设施处理能力不足也是导致污水排放的重要原因。因此，虽是因暴雨天气影响导致污水溢出，但在被告企业存在过失且未能及时采取合理措施防止污染进一步扩大的情况下，被告仍要承担相应的民事责任。

四、侵权人违反法律规定故意污染环境、破坏生态造成严重后果的，承担惩罚性赔偿责任。

基本案情

2019 年 12 月 25 日，王某在自家耕地边铺设狩猎夹，捕获一只灰色野兔（学名草兔）；2020 年 1 月 3 日，王某又在自家耕地边铺设狩猎夹，捕获一只猪獾。根据国家林业局《国家保护的有益的或者有重要经济、科学研究价值的陆生野生保护动物名录》的规定，猪獾、草兔属于“三有”野生动物。根据国家林业局《野生动物及其制品价值评估方法》《陆生野生动物基准价值标准目录》的规定，涉案猪獾的基准价值为 800 元，草兔的基准价值为 80 元。当地人民检察院依据相关法律规定认为国家对野生动物实行“保护优先、规范利用、严格监管”的原则，捕猎非国家重点保护野生动物应当依法取得县级以上地方人民政府野生动物保护主管部门核发的狩猎证，并按照狩猎证规定的种类、数量、地点、工具、方法和期限进行捕猎。王某未依法取得狩猎证，在禁猎区、禁猎期，使用禁用工具捕猎“三有”野生动物，严重违反国家对野生动物的监管制度，其非法捕猎行为，损害了野生动物资源和生态环境，对一定范围内生物的多样性和生态安全造成了危害，损害了国家利益和社会公共利益，当地人民检察院向法院提出诉讼，要求判决被告王某按照其所捕猎野生动物的基准价值880元的三倍标准（即2640元）承担惩罚性赔偿责任并当庭赔礼道歉。

法院判决：1.限被告王某于判决书生效后5日内按照其所捕猎野生动物的基准价值880元的三倍标准（即2640元）承担惩罚性赔偿责任，此款由公益诉讼人四川省某县人民检察院代收后用于野生动植物环境资源的修复和保护；2.责令被告王某当庭赔礼道歉，并以书面道歉方式在其居住地村委会的公示栏予以张贴公示。

案件评析

本案属于生态破坏民事公益诉讼纠纷。

1.生态利益为社会公共利益，公益诉讼人四川省某县人民检察院在履行职责中发现被告破坏生态环境、损害社会公共利益的行为，在没有法律规定的机关和组织提起诉讼的情况下，向法院提起公益诉讼符合法律规定。

2.《中华人民共和国民法典》第一千二百三十二条规定：“侵权人违反法律规定故意污染环境、破坏生态造成严重后果的，被侵权人有权请求相应的惩罚性赔偿”。这一规定首次在生态环境领域引进惩罚性赔偿制度，体现了在生态环境法治保护中严格执行制度的理念。法院据此判决被告按照被告所捕猎野生动物的基准价值 880 元的三倍标准（即 2640 元）承担惩罚性赔偿并责令赔礼道歉是完全正确的。

3. 本案中，被告王某辩称其捕猎行为的目的是保护自己种植的农作物，但被告的行为从客观上分析并非是不得已而采取的行为，其手段也超出保护自己的物权或恢复权利的界限。因此，法院认为被告不属于紧急避险等救济行为。

图书在版编目（CIP）数据

民法典农民权益保障案例解读 . / 北京德恒（太原）律师事务所编 .— 太原：山西科学技术出版社，2022.10（2023.12 重印）

ISBN 978-7-5377-6204-5

Ⅰ . ①民… Ⅱ . ①北… Ⅲ . ①农民—权益保护—法律—研究—中国 Ⅳ . ① D923.804

中国版本图书馆 CIP 数据核字（2022）第 168551 号

民法典农民权益保障案例解读

MIN FA DIAN NONG MIN QUAN YI BAO ZHANG AN LI JIE DU

出 版 人	阎文凯
编 者	北京德恒（太原）律师事务所
责任编辑	张春泽
封面设计	杨宇光
出版发行	山西出版传媒集团 · 山西科学技术出版社
地 址	太原市建设南路 21 号　邮编　030012
编辑部电话	0351-4922134　0351-4922063
发行部电话	0351-4922121
经 销	各地新华书店
印 刷	山西苍龙印业有限公司
开 本	880mm × 1230mm　1/32
印 张	5
字 数	120 千字
版 次	2022 年 10 月第 1 版
印 次	2023 年 12 月山西第 3 次印刷
书 号	ISBN 978-7-5377-6204-5
定 价	28.00 元